Manfred Betzwieser

AF235939

# IM INTERNET VERDIENEN

Manfred Betzwieser

# IM INTERNET VERDIENEN
## mit künstlicher Intelligenz

## Internet Verdienst, aber wie?

**Bibliografische Informationen der Deutschen Nationalbibliothek**
Die Deutsche Nationalbibliothek verzeichnet diese Publikation in der
Deutschen Nationalbibliografie; detaillierte bibliografische Daten sind
im Internet über http://dnb.de abrufbar.

**Herstellung und Verlag: BoD – Books on Demand, Norderstedt**

ISBN 978-3-7568-1594-4
Copyright © 2022 – Manfred Betzwieser
Alle Rechte vorbehalten

# Inhaltsverzeichnis

# Einführung

**Wir sind neugierig auf unsere Welt** - und Neugierde ist ein wesentliches Motiv, um Dinge zu entdecken.

Auch die Technik und Wissenschaft bleibt nicht stehen und macht riesige Fortschritte. Gerade das Internet und die Vernetzung und der tägliche Umgang mit diesem Medium übertrifft alle Erwartungen.

*„Hindernisse und Schwierigkeiten sind Stufen, auf denen wir in die Höhe steigen. Niemand weiß, was er kann, bevor er es nicht versucht."*

**Wie kann ich im und mit dem Internet verdienen, mehr verdienen ...**

Das ist dein Motiv und darum hältst du auch diese Buch in deinen Händen. Darauf werde ich dir Wege und Lösungen anbieten, die auch funktionieren und dein Einkommen in die Höhe springen lassen.

Du brauchst kein Studium und keine fundierte Informatikausbildung, nur etwas Geduld und Aufmerksamkeit, dann wird es auch dir gelingen.

Jede Sekunde eines jeden Tages werden Tausende neuer

Schlagzeilen im Internet veröffentlicht. Einige sind großartig; die meisten sind es nicht.

Vergiss die Sprüche, Schlagzeilen und auch Buchtitel die ein zu großes Versprechen verheißen, das einfach nicht gehalten werden kann:

- **„Wie man bis morgen eine Million Dollar verdient"**

- **„Verlieren Sie diesen Monat 50 Pfund mit diesem einfachen Diätplan"**

- **„Wenn Sie diesen Artikel lesen, wird er Ihr Leben für immer verändern"**

Dies sind faule, leere Versuche die Aufmerksamkeit zu wecken und übertriebene Versprechen, mit stark übertriebenen Artikeln, die den Lesern nur das Gefühl geben, ihrer Zeit und Aufmerksamkeit beraubt worden zu sein.

Solcher Klamauk bringt vielleicht ein paar erste Klicks, aber es zerstört die Glaubwürdigkeit.

## Bleiben wir bei der Wahrheit

Fachbegriffe habe ich im Buch soweit es ging ausgespart und etwas kompliziertere Dinge verständlich umschrieben.

Allerdings musst du jeden Schritt den ich dir aufzeige, aufmerksam studieren und möglichst in die Tat umsetze.

**Eine Garantie, dass dein Internet Einkommen um 50 bis 100 Prozent steigt, gebe ich dir nicht.** Allerdings sind das mehrfach umgesetzte Erfahrungswerte aus der Praxis und es hat auch bei mir geklappt.

Seit mehr als als 20 Jahren dreht sich mein Leben um das Internet. Nicht um davon zu Leben, sondern primär um Freunde, Bekannte und die Welt mit Informationen zu versorgen und zu erheitern.

Das ist auch heute noch mein Hauptmotiv und betreibe meine Webseiten mehr als **Hobby** und in gewisser Weise als „Berufung" und beliebteste Freizeitbeschäftigung.

Mein Hauptberuf war früher mehr die juristisch/ verwaltungstechnische Beraterseite und später der Tourismus. Heute „Privatier" um die etwas elegantere Altersrente zu umschreiben. Umgang mit Menschen war ein wesentlicher Bestandteil meines beruflichen Lebens und das fehlt mir heute etwas.

Nebenbei noch **10 Bücher geschrieben,** die sich mit Natur, Vulkan, Reisen und Kreuzfahrt beschäftigen. (https://lapalma1.net/meine-buecher/)

Das soll es auch schon zu meiner Biografie gewesen sein.

Eine Webseite zu betreiben ist nicht ganz ohne Kosten und kann sehr zeitaufwendig sein. Hier entstand auch der Gedanke zumindest die Betreiber-Unkosten zu neutralisieren und durch etwas Werbung diesen Posten zu kompensieren.

Mühsam gelang dies mit **GoogleAdsense**. Mehr als die

Providergebühren, Domain oder SSL-Zertiikate warf Google nicht ab. Die Arbeit und die Recherche war mein privates Vergnügen.

Warum ich überhaupt dieses Buch geschrieben habe und die mir mehr zufällig zugeflogenen **„Geheimnisse"** preis gebe, hat aber einen anderen Grund.

## Was macht erfolgreiche Menschen aus?

Nun, die erfolgreichsten Menschen sind nicht immer die mit dem größten Talent oder den gefragtesten Kompetenzen. Auch nicht die mit den besten Kontakten und schon gar nicht die mit dem größten Startkapital.

Erfolgreiche Menschen zeichnen sich durch ihren starken

Willen aus! Sie sind voller Leidenschaft, lassen sich von nichts aus der Bahn werfen und kämpfen für ihre Träume.

In diesem Zusammenhang ist wichtig zu wissen: Erfolg spielt sich im Kopf ab! Das heißt: Damit du erfolgreich sein kannst, brauchst du die richtige **Einstellung**, einen starken **Willen** und eine **positiven Denkweise**.

1. **Mach´s mit Leidenschaft. ...**
2. **Finde deine Vision. ...**
3. **Setze dir eigene Ziele. ...**
4. **Visualisiere deine Träume. ...**
5. **Schüttle Angst und Unsicherheit ab. ...**
6. **Umgib dich mit Gleichgesinnten.**

Das sind die Grundvoraussetzungen für eine erfolgreiche berufliche Karriere. Im Online Business und der Vermarktung einer Webseite gelten die gleichen Regeln.

Wer die meiste Zeit im Bett verbringt (es sei denn es werden neue Ideen überlegt) und erst vor dem PC das Gehirn einschaltet, soll es gleich bleiben lassen.

**Voller Einsatz ist gefragt.** Nicht abwarten bis alles 100 % vorbereitet ist und auch der Start noch nicht so perfekt aussieht. Sofort anfangen und langsam aufbauen. Die Seite wird noch wachsen und immer perfekter werden.

„Zu langes Nachdenken über eine Sache macht sie oft unmöglich"

Es werden immer wieder Lücken und Fehler sich einstellen. Die können ausgemerzt und verbessert werden. Der Leser oder Nutzer sieht, dass am Konzept der Webseite gearbeitet wird und täglich Verbesserungen und Überraschungen zu erwarten sind. Vielleicht auch ein Anreiz mal öfter auf die Seite zu schauen. Hier kannst du bereits deine ersten Leser gewinnen.

**„Die Entfernung ist unwichtig. Nur der erste Schritt ist wichtig. Wenn du nichts veränderst, wird sich auch nichts verändern!"**

Fehler und Niederlagen gehören einfach zum Geschäft. Nicht einknicken, sondern als Herausforderung betrachten.

Wie bei einem Puzzle muss erst die richtige Kombination gefunden werden. Mit etwas Mühe ergibt sich später das gewollte Gesamtbild.

Zitate, Sprüche und Lebensweisheiten erfolgreicher Menschen können uns den nötigen Motivationsschub geben und unserem eigenen Erfolg in Beruf und Business auf die Sprünge helfen. Meist haben wir eine Vision klar vor Augen, aber häufig halten uns zu langes Nachdenken, die Angst vor dem Risiko zu scheitern oder weitere Bedenken davon ab, richtig durchzustarten.

## Das Beste zum Schluss

Da ich glaube, dass du den richtigen Biss hast (sonst würdest du hier nicht lesen) werde ich dich in die Wunder der **künstlichen Intelligenz** einführen.

Eine der modernsten Techniken in der Vermarktung von Webseiten. Was GoogleAdsense oder AMAZON schon lange einsetzen, ist nur ein Abklatsch der neuen Technologie.

**Das neue System ist wesentlich ertragreicher, kostenlos und fast auf jeder Webseite mit der entsprechenden Besucheranzahl erfolgreich einsetzbar und der größte Teil der Einnahmen verbleibt dir.**

Nicht ganz ohne Eigennutz, da muss ich ehrlich sein:

- Jahrelang habe ich danach gesucht bis ich fündig wurde und viel Zeit dafür investiert.
- *„Mein Wissen soll ich nicht konservieren, sondern weitergeben"* (meint meine Frau)
- Du hast mein Buch gekauft und für jede Empfehlung erhalte ich eine kleine Provision der Plattform, die allerdings nicht von deinen Werbeeinnahmen abgezogen wird.

Ehrlichkeit und keine Werbeversprechen darfst du von mir dafür erwarten.

**„Die größte Ehre, die man einem Menschen antun kann, ist die, dass man zu ihm Vertrauen hat"** (Verfasser unbekannt).

Das sind genau die Vorschusslorbeeren – und da will ich dich nicht enttäuschen.

Über einen Kommentar oder eine Beurteilung z.B. bei

AMAZON usw. würde mich am Ende sehr freuen.

Viel Spaß und Erfolg beim Lesen.

Villa de Mazo, im September 2022
Dein

Manfred Betzwieser

# WARUM EINE EIGENE WEBSEITE?

## Auf einer Webseite präsent sein

Wer sich online gut präsentiert und auf seiner Website relevanten Informationen liefert, steigert seine Chance neue Leser, Interessenten und auch Kunden zu gewinnen.

Der Bekanntheitsgrad der Webseite, der Person oder Firma und die Anfragen und der Umsatz steigt. Es müssen inhaltsreiche Contents (Inhalte), Tipps oder Erfahrungswerte sein. Der Leser sucht Antworten auf seine Fragen oder Produkte, die ihn auch interessieren.

Was früher das Telefon oder das Branchenverzeichnis waren, ist heute das Internet. Ein Handy gehört bei vielen Menschen zur Standardausrüstung und dient als erste Informationsquelle. Wer nicht im Netz gefunden wird – den gibt es nicht!

**Was macht eine gute Webseite aus?**

- **Technisches Know-how muss stimmen und zuverlässig arbeiten**

- **Thema muss Aufmerksamkeit wecken**

- **Erster Eindruck zählt. Eine gut strukturierte und moderne Website lässt dich professioneller und glaubwürdiger wirken**

- Platz für umfassende und spannende Informationen oder Produkte (Digitales Schaufenster)

- Kostengünstiges und gezieltes Direkt-Marketing und Kontaktmöglichkeit

- Immer News, Mitteilungen oder Sonderaktionen möglich

**Was willst du mit der Seite erreichen?**

- Mehr Leser oder Kunde
- Höherer Bekanntheitsgrad
- Zusätzlicher Absatzkanal
- Mehr Umsatz und Einnahmen

Seit über 20 Jahren beschäftige ich mich mit dem Internet und der Gestaltung von Webseiten. Viele Internetauftritte habe ich geschaffen und einige betreibe ich noch heute. Meine Erkenntnisse, Erfahrungen, aber auch Nöte und Fehler, möchte ich auf dieser Seite weitergeben.

Oft habe ich mich gefragt, wie kann ich diese Webseite zu Geld machen? Zumindest die Betriebskosten (Server/ Themes/ Domain usw.), also die Betriebskosten, sollten sich wieder einspielen.

Ob über Werbung, YouTube, Facebook oder einen Shop und andere Varianten wurde durchprobiert. Der Erfolg war mäßig und oft mit viel Arbeit verbunden. Der Ertrag blieb klein und stand in keinem Verhältnis zum Aufwand.

**Grundsätzliche Überlegungen zur Gestaltung**

Um einen ordentlichen Webauftritt zu gestalten, sollen unterschiedliche Formate und Medien eingesetzt werden:

- Fließtext
- Auflistungen
- Tabellen
- Fotos
- Grafiken

- Videos

- Podcasts

Alle Inhalte einer Webseite sollten so lang wie nötig und so kurz wie möglich und strukturiert sein. Korrekte Rechtschreibung und Zeichensetzung ist selbstverständlich.

Mehrere Zwischenüberschriften zur besseren Orientierung einbauen. Nur sparsam Fettmarkierungen einsetzen. Eine kurze Ladezeit, ein responsives Design und möglichst barrierefreies Surfen ermöglichen.

SSL-Verschlüsselung und ein Impressum mit Datenschutzerklärung sind heute notwendig bzw. gesetzlich vorgeschrieben.

Bis ich dann nach zahlreichem „Testen" und begutachten den **idealen Weg zum Erfolg** fand. Der Weg war wie ein verschlungener Gebirgspfad und steinig. Es hat sich aber gelohnt.
Die Leserschaft stieg innerhalb von Wochen sprunghaft an und die Einnahmen schossen in die Höhe. Endlich war das Ziel erreicht.

Diesen Weg soll für dich kürzer werden. Viele zeitraubenden Etappen und Stolperfallen kannst du mit meinen Tipps vermeiden und umgehen und dir noch so manchen Euro sparen.

# Glaube an Dich

Gute Laune ist leider kein Dauerzustand. Stress auf der Arbeit, Probleme im Privatleben – wie soll man da immer gut gelaunt sein? Tatsächlich ist es einfacher, als viele glauben! Die wichtigste Erkenntnis: Gute Laune ist vor allem eine eigene Entscheidung und nicht abhängig von äußeren Einflüssen.

Wenn du ernsthaft ein Ziel anstrebst und fest daran glaubst, wird es auch gelingen.

Es fällt dir sicher nicht in den Schoß. Unermüdlich und strebsam musst du daran arbeiten. Lass dich nicht von Rückschlägen entmutigen. Auch andere haben es geschafft. **Warum nicht auch DU?**

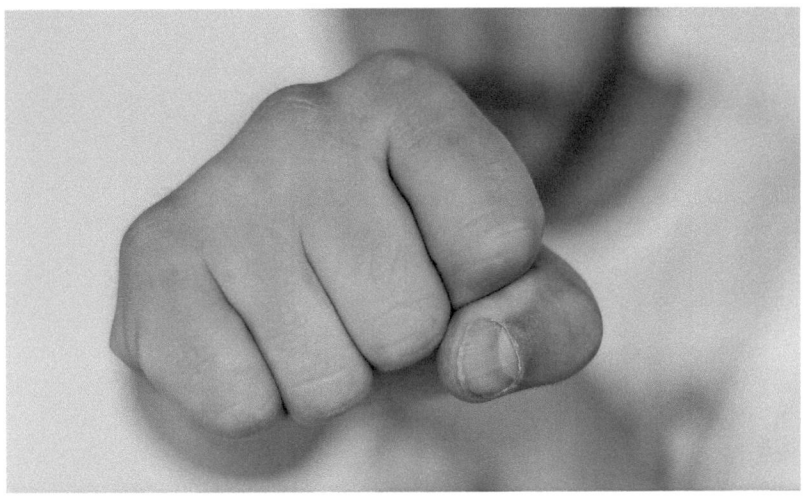

Aufgeben oder sich durchboxen darf nicht die Frage sein. Beim ersten Rückschlag gleich alles hinzuschmeißen, ist allerdings auch nicht die Option!

Befindest du dich in einer Situation, in der es entweder aufgeben oder sich durchboxen heißt, sollte keine vorschnelle Entscheidung getroffen, sondern zunächst Ruhe bewahrt werden.

Mehrmals tief durchzuatmen wird dir helfen ruhiger zu werden. Mache nicht den Fehler, sich zu einer emotionalen Kurzschluss-Reaktion hinreißen zu lassen, die du hinterher vielleicht bereust. Erst einmal darüber schlafen. Am Morgen sieht die Welt meist anders aus und es wird sich schon eine gangbare Lösung gefunden.

## THEMA SUCHEN

# Über welches Thema schreiben!

Das richtige Thema oder Fachgebiet auszuwählen, wird der schwierigste und entscheidende Faktor für den späteren Erfolg sein. Ich meine jetzt nicht das Design (Theme), sondern den Inhalt deiner_Webseite. Hier sind **Lichtblitze** und eine längere Atempause gefragt.

- Vielleicht hast du ein **besonderes Hobby** oder einen **ausgefallenen Beruf**, über den du schreiben möchtest.

In Form eines Tagebuches dürften die Folgebeiträge nicht allzu schwerfallen.

- Auch als **Taucher** oder **Surfer** gibt es einiges zu erleben und zu berichten.

- Du züchtest **Blumen**, Bonsai oder Rosen · Lilien · Orchideen · Nelken · Chrysanthemen · oder Teerosen oder bist Hundefänger.

- Themen rund ums **Essen und Kochen** sind beliebt. Es könnte auch ein Restaurantführer oder ein Blog über den Spargel und das Huhn sein. Aktuell sind vegetarische Produkte und Gerichte im Trend.

- Auch **Wirtschaftsthemen**, wie die Börse, der Goldpreis oder die wirtschaftliche Entwicklung könnten von Interesse sein.
- **Reiseseiten** über Land und Leute, Kultur und Lebensweise, Städte und Sehenswürdigkeiten oder besondere Anbaumethoden.

- **Wissenschaft und Forschung**, Astronomie und Weltraum, Drohnenentwicklung oder Mikrotechnik.

- Auch **aktuelle Themen** wie Jahrhunderthochwasser, Vulkanausbrüche oder Erdbeben interessieren. Dies sind allerdings kurzlebige Themen, weil irgendwann der Stoff ausgeht.

- Oder eine **Orts-Chronik** über deine Stadt mit verschlungenen Winkeln und Insidertipps.

- Wer **Möbel, Autos** oder ein spezielles Produkt verkaufen möchte, hat bereits sein Thema. Auch Dienstleister und Handwerker müssen nicht danach suchen. Hier gilt es, das Produkt mit seinen besonderen Eigenschaften in den Vordergrund zu stellen. Dazu aber später mehr.

- Vielleicht bist du **Glücksspieler** und hast den 100 %-igen Insidertipp. Mit Wettspielen oder Porno musst du allerdings vorsichtig sein. Google Dienste schließen diese Seiten meist aus.

- Du berichtest über ein **besonderes Projekt** in deiner Nähe, wie der Bau der weltgrößten Brücke, Hochhaus, Flugplatz, Windpark oder eines Freizeitparks.

- Interessant sind auch besondere technische und wissenschaftliche **Experimente**. Tiefbohrung, Tunnelbau, biologische Züchtungen oder eine Gehirntransplantation.

Das sind nur einige Beispiele. Um fortlaufend über eine Thema berichten zu können, musst du aktuelle Quellen oder/und gute Kenntnisse haben. Praktisch ist es auch, wenn du in der Nähe wohnst und regelmäßig Vorort Informationen geben kannst gespickt mit eigenen Fotos.

**Zunächst geht es gar nicht so sehr darum, „WIE" geschrieben wird, sondern „WORÜBER" geschrieben wird.**

... und davon musst du etwas Ahnung haben.

Ein vertieftes Wissen und Fachkenntnisse sollten (müssen) vorhanden sein. Dazu bedarf es nicht unbedingt eines Uni-Studium oder 40 Jahre Berufserfahrung. Vieles kann angelesen, selbst erlebt oder aus eigener Erfahrung erworben worden sein. Ohne wertvollen Inhalt nützt auch jeder noch so schön geschriebene Text bzw. Satz nichts.
Vielleicht sind es **Pilze** über die du berichten möchtest. Mit Makrofotos die schnelle Entwicklung ablichten und den Leser in die Mykologie (altgriechisch μύκης mýkēs ‚Pilz'), ja so nennt sich die Wissenschaft von den Pilzen, einführen.
Ein paar Bücher lesen oder einen Volkshochschulkurs besuchen und die Grundlagen sind geschaffen.
Diese Thema setzt natürlich einen Wald oder Wiesen in der Nähe deines Wohnortes voraus.

Oder über deinen **Hund** berichten. Ein Freund der immer in der Nähe ist. Sein Verhalten, seine Gewohnheiten, was frisst er am liebsten oder der Besuch beim Hundefriseur, interessiert viele Menschen. Das ganze mit Fotos oder besser Videos dokumentiert, wäre eine weitere Möglichkeit.
Schau dir mal auf Instagram oder Pinterest entsprechende Seiten an. Das ganze in einen netten und vielleicht humorvollen Text gepackt gibt eine persönliche Note.

## Ist mein Thema attraktiv?

Meine Webseite soll auch gelesen werden. Wie viele Webseiten existieren bereits zum Thema. Hier kann man sich einige Anregungen (nicht abschreiben) holen.
Gibt es zu viele gleiche Themenseiten, lieber ein anderes Thema wählen. Gute Chancen hast du mit einem **Nischen-Thema** über das nur wenige oder noch keine Webseite existiert. Einfach das Internet durchstöbern und suchen.

## Inhalte bieten – zugeschnitten auf die Zielgruppe

Wer mit seiner Webseite überzeugen möchte, muss seinen Besuchern ansprechende Inhalte bieten. Egal ob Text, Bild, Audio oder Video – Inhalte sollten aktuell sein und zum Thema der Webseite passen.
Die Webseite eines Fotografen würde erwartungsgemäß viele Bilder und Informationen zu Leistungen, Preisen und Equipment des Fotografen enthalten, während ein veganer Kochblog mit ansprechenden Fotos, Rezepten und hilfreichen Videos überzeugen könnte.

Um heraus zu finden was Menschen interessiert, sind als Hilfsmittel brauchbar:

- **Google Analytics** – sammelt statistische Daten über Zielgruppen, Geografie, Verhalten und Technologie.

- **Search Meter** – analysiert alle Suchvorgänge, die Leser auf Ihrer Website durchführen. Es werden nicht nur Suchwörter erfasst, sondern auch Suchdaten angezeigt (wie oft nach einem Begriff gesucht wird) und ob der

29

Leser etwas auf der Seite gefunden hat oder nicht.

- **Google Trending** – Der Dienstanbieter bietet einen speziellen Bereich, in dem anhand der am häufigsten geschriebenen Artikel zu einem bestimmten Thema Trends erfasst werden. Auch dieser Google-Dienst ist in vielen Umgebungen zu finden und bietet Potenzial als Grundlage für Trendanalysen und Brainstorming auf der Grundlage der Anforderungen der Leserschaft.

- **AMAZON Trends** – können die am meist nachgefragten und verkauften Artikel abgerufen werden.

**Das sind die Top Ten Webseiten in Deutschland**

1. Google.de
2. Google.com
3. YouTube.com
4. Facebook.com
5. Amazon.de
6. Ebay.de
7. Wikipedia.org
8. Ebay-Kleinanzeigen.de
9. Web.de
10. Xhamster.com

Das sind allen bekannte Seiten, die Informationen zu vielen Gebieten, Unterhaltung und Produkte die jeder braucht, anbieten. Die Nr. 10 ist übrigens eine Pornoseite.

Alle Gründer oder Erfinder dieser Seiten sind inzwischen Milliardäre oder zumindest Millionäre. Personen, die durch eigene schöpferische Leistung eine zuvor nicht bekannte Lösung respektive Anwendung im Bereich der Technik und Informationstechnologie hervorbrachten und sie gut vermarkten konnten.

Namen wie Larry Page, Jawed Karim, Mark Zuckerberg, Jeff Bezos oder Bill Gates beherrschen heute das Internet.

Soweit wollen wir gar nicht gehen, sondern nur eine eigen Webseite aufbauen, die zunächst die Unkosten und dann noch etwas zum Lebensunterhalt abwirft. Was sich später noch daraus entwickeln könnte, hängt vom einzelnen Geschick und etwas Glück ab.

**Interessen und Zielgruppe genau definieren**

Um eine möglichst benutzerfreundliche Webseite zu erreichen, lohnt es sich, vorab etwas Zeit in die Planung zu investieren und folgende Fragen zu beantworten:

**Was sind die Ziele meiner Webseite und wen möchte ich erreichen?**

Dabei spielen demografische Merkmale (Alter, Geschlecht, Familienstatus, Wohnort usw.) sozioökonomische Merkmale (Bildungsstand, Gehalt, Beruf usw.) psychografische Merkmale (Einstellung, Motivation, Meinung usw.) Kaufverhalten (Preissensibilität, Kaufreichweite usw.) eine entscheidende

Rolle.

Es macht nicht viel Sinn aufs „Blaue" verschiedene Themen anzureißen die im Konzens in keinem Zusammenhang stehen. Damit kann ich keine treue Leserschaft aufbauen. Ein präzises Thema und darauf ausgerichtete Artikel, Fotos usw. bringen immer wiederkehrende Besucher.

Ob ich Informationen verbreiten, Produkte verkaufen oder Kundenkontakte aufbauen möchte, wirkt sich erheblich auf die Struktur, das Design und die Inhalte meiner Webseite aus. Dennoch gibt es einige generelle Kriterien, nach denen man sich richten kann, um eine überzeugende Webseite zu gestalten.

**Wer ist oder wird mein Klientel und welchen Mehrwert hat der Besucher?**

Für eine **Hochzeitsseite** mit Brautmode werden sich jüngere Frauen und wahrscheinlich deren Mütter interessieren. Das Geschlecht und ungefähre Alter ist damit eingegrenzt.

Laut Statistik gibt es klare Präferenzen für die optimale Zeit zum Heiraten. Der Mai und der Juni liegen in der Gunst der Brautpaare weit vorne. Beliebte Hochzeitsmonate sind aber auch der Juli, der August und der September.

Hochzeitskleider für die kalte Jahreszeit anzubieten, dürfte sich als Ladenhüter herausstellen.

Nach dieser Analyse werde ich Fotos von Brautmode in der freien Natur mit viel Grün und Blümchen aufnehmen und präsentieren.

Das Schema musst du für deine Sparte oder Nischenseite aufstellen und die Webseite entsprechend strukturieren und den Mehrwert des Nutzers hinterfragen.

Wer? Was? Wann? Wo? Warum? Wie? und Wozu? - das sind die Fragen die gestellt und beantwortet werden müssen.

Abwechselnde Formate erhöhen die Attraktivität und geben deinen Nutzern die Möglichkeit die Inhalte schnell zu erfassen.

**Generell gilt:** Das Aussehen, die Funktionalität und die Inhalte der Webseite sollten zusammenspielen, sich also gegenseitig unterstützen und nicht behindern. Weder ein schönes Design mit schlechten Inhalten, noch eine nicht ansprechende Website mit tollen Funktionen überzeugen nachhaltig.

Deine Homepage sollte unbedingt über ein responsives

Webdesign verfügen. Das responsive Webdesign ermöglicht eine optimale Darstellung der Website auf mobilen Endgeräten wie Smartphones oder Tablets und nicht nur auf dem PC. Gerade in der heutigen Zeit haben die mobilen Endgeräte eine enorme Relevanz.

Wenn deine Homepage ein hohes Maß an Expertenwissen aufweist, gewinnt die Website an Autorität und Vertrauen.

# WordPress und die Themenseite

WordPress ist ein freies Content-Management-System. Es wurde ab 2003 von Matthew Mullenweg als Software für Weblogs programmiert und wird als **Open-Source-Projekt** permanent weiterentwickelt.

Obwohl WordPress.org theoretisch gesehen kostenlos ist, kommen beim Betreiben einer professionellen Webseite doch noch ein paar Kosten auf dich zu. Zu den wichtigsten WordPress-Kosten gehören die Gebühren für das Hosting, den Domain Namen und eventuelle Premium Themes und WordPress-Plugins.

Das Hosting überlasse ich einem anderen kostenpflichtigen Hoster (siehe **Provider**), da ich mich dort besser auskenne und auf der „sicheren Seite" füllen.

Obwohl **WordPress** eine Reihe von kostenlosen Vorlagen (Themes) anbietet, ist vielleicht nicht das richtige darunter. Es kann die Aufmachung und Gestaltung, die Auswahl Plugins, kleine Programme, die gewisse Aufgabe automatisch übernehmen oder die Farbgebung der Seite sein. Alle meine Webseiten laufen wegen der vielen meist kostenlosen Möglichkeiten und Ergänzungsformen seit vielen Jahren über **Wordpress**.

Mit Version 5.0 von WordPress hielt ein neuer Editor mit dem Namen **Gutenberg** Einzug. Ich bevorzuge allerdings über das Plugin „**Disable Gutenberg**" noch den alten Classic Editor zum Schreiben.

Auch das „**Yoast SEO**" gehört in Standardausführung zum Programm.

Je weniger Plugins eingesetzt werden, desto besser und schneller läuft das Programm. Es kommt zu keinen Verwicklungen und Überlagerungen und begünstigt das Ranking.

Diese kleinen Programme sind flexibel, da sie Programme und viele Aufgaben übernehmen.  Plug ist englisch und bedeutet soviel wie Stecker. Das Wort Plugin leitet sich von " to plug in " ab, was " einstecken " bedeutet. Plugin, beschreibt praktisch den Vorgang den man vornimmt, um seinem System die kleinen Programme hinzuzufügen.

Vorsicht ist bei „**Jetpack**" und dem Bildoptimierer „**Smush**" angesagt. Hier kann es später, wenn Werbe- und Monetisierungs Programme eingebunden werden, zu Abstürzen kommen.

Gerade jetzt auf meiner Seite „Lapalma1.net" erlebt. Die Seite lies sich nicht mehr aktualisieren und übermittelte nicht mehr die neuesten Beiträge. Erst nach langem Suchen und Probieren konnte ich den Fehler finden. Durch eine Aktualisierung von Jetpack kamen neue Komponenten auf das Plugin, die mein ganzes Wordpress-System zum wackeln brachten. Durch ein Löschen des Plugin konnte der Fehler schließlich behoben werden.

# MH Themes mein Favorit

Obwohl es eine Reihe von kostenlosen Themes gibt, benutze ich die kostenpflichten **MH Themes.**
Sie sind für mich eine der vielfältigsten Vorlagen, die sich für alle Zwecke umgestalten lassen.
Für den Anfang würde ich schon aus kosten gründen auf ein freies Wordpress Theme greifen.

Möchtest Du allerdings einen **Internet Shop** eröffnen lieber gleich ein umfassendes und damit gekauftes Theme nehmen. Fast alle freien Themes sind nur der Grundbausteine und benötigen später zusätzliche Widgets oder Plugins die ins Geld gehen. Bei einem Profi-Theme sind diese Plugins bereits enthalten. Im Internet gibt es genügend Anbieter wie:

https://www.elegantthemes.com/ oder
https://themeforest.net/.

**MH Themes** ist eine Sammlung von WordPress-Themes. Im
Laufe der Jahre hat sich MH Themes als One-Stop-Shop für
WordPress-Benutzer etabliert, die moderne und dynamische
redaktionelle Websites wie Online-Magazine, Nachrichten-
Websites oder professionelle Blogs erstellen möchten.
Mit dem MH Magazine Theme, hast du eines der beliebtesten
Magazin-Themes, das für WordPress entwickelt und das auf
Zehntausenden von Websites auf der ganzen Welt läuft.

„**Qualität vor Quantität** " bieten sie nicht nur erstklassige
Produkte, sondern haben auch einen hervorragenden Ruf für
die schnelle und hilfreiche Unterstützung ihrer Kunden.
Das MH Magazin Theme lässt sich vielfach in Farbe und Form
gestalten und ist mein absoluter Sieger. Einzelthemen gibt es
bereits ab 49,00 Euro/Jahr, das Bundle mit allen Themen für
129,00 Euro/Jahr. Hier der Link:
https://mhthemes.com/themes/?ref=301

# WELCHEN PROVIDER WÄHLEN?

## Ein zuverlässiger Provider ist die halbe Miete

Ein „**Provider**" ist jemand, der etwas bereitstellt. Das englische Wort „to provide" bedeutet wörtlich übersetzt „versorgen". Ein Internet-Provider ist eine Firma, die ihren Computer – das ist meist ein Großrechner – für andere Benutzer zur Verfügung stellt. Um eine Webseite zu betreiben, brauchst du also einen Provider, um die Seite zu speichern und zu veröffentlichen.

Zu den größten Internet-Providern gehören zum Beispiel T-Online, 1&1 und Vodafone. Diese Unternehmen bieten Ihren Kunden Leistungen und Hardware an, um einen Zugang zum Internet zu ermöglichen. Sie stellen die Infrastruktur bereit, über die in Deutschland auf das Internet zugegriffen werden kann.
Eine beständige Datenverbindung, die nicht dauernd durch Fehler oder Bereinigungen unterbrochen wird, ist wichtig. Bei diesen Großservern ist das gewährleistet.
Grob gesagt: Das DSL-Netz gehört der Telekom. Anbieter wie O$_2$ und 1&1 und andere, mieten genau diese Leitung.

# Warum ist der Standort des Rechenzentrums wichtig?

Der Standort des Rechenzentrums ist bei der Wahl des Webhosting-Anbieters ein wichtiges Kriterium. Deutschland ist als Serverstandort für viele die bevorzugte Wahl, da das Hosting in Deutschland als besonders sicher gilt. Auch sind hier die Anforderungen an den Datenschutz und das Thema "DSGVO" gewährleistet.

Standorte in den USA, Russland oder Asien nehmen es bei dieser Frage nicht so genau. Die von mir vorgeschlagenen Hoster (außer Google) haben alle ihre Rechenzentren in Deutschland. Bei einem Stresstest schnitt Telekom mit „Sehr gut" ab. Auf Platz 2 und 3 knapp dahinter landen Vodafone sowie 1&1.

## Welchen Provider soll ich wählen?

Ich kann nur von den Providern schreiben, die ich kenne und mit denen ich seit Jahren gut zusammenarbeiten.

## IONOS

Mehrere meiner Webseiten laufen fast störungsfrei bei **1&1** (IONOS). Die Ionos SE mit Sitz in Montabaur ist ein deutscher Internetdienstanbieter, der als 1&1 Internet AG – später 1&1 Internet SE – vor allem durch seine Webhoster und DSL-Produkte bekannt wurde. Das Unternehmen gehört zum United-Internet-Konzern. Hier der Link:
https://acn.ionos.de/aff_c?offer_id=2&aff_id=4322

Ich schätze die Übersicht und relativ einfache online Konfiguration von Domains und Webseiten bei **IONOS**. Bei Fragen wird auf Wunsch kostenlos innerhalb eines Tages zurückgerufen und das Problem besprochen. Jeder Kunde bekommt einen persönlichen Ansprechpartner zugewiesen. Auch die geringen monatlichen Mehrkosten bei den Zusatzleistungen, wie die **SSL-Zertifikate,** sollte nicht so sehr ins Gewicht fallen. *IONOS* hat eine breite Palette von Angeboten. Ob Domains, Webseiten, Online-Shops bis zur Einrichtung und Hosting einer **WordPress** Seite.

## ALL-INKL.com

Der aus Dresden (Rechenzentrum) stammende Webhoster **ALL-INKL** hat ein besonders gutes Preis-Leistungs-Verhältnis. Die Philosophie des Unternehmens *„keine versteckten Kosten".* Hinsichtlich der Leistungen brauchen Kunden ebenfalls keine Kompromisse einzugehen: **All-Inkl.com** ist bereits seit 2000 am Markt vertreten, der Support und das moderne Rechenzentrum werden von derzeit etwa 80 Mitarbeitern routiniert betreut. Die Zufriedenheit ist offenbar hoch: 80 Prozent der Neukunden werden durch Bestandskunden geworben.
In den Tarifen ab PrivatPlus sind **kostenlose SSL-Zertifikate** von Let's Encrypt unbegrenzt für alle Domains und Subdomains

enthalten. Ansonsten sind alle Tarife technisch sehr gut. Keine Mindestvertragslaufzeit, keine Einrichtungsgebühren und die ersten drei Monate sind kostenlos.

Die Nutzung des Administrationsbereiches ist einfach und intuitiv und ein neues Webprojekt lässt sich mühelos einrichten. Wie auch bei anderen Anbietern bedarf es wenig Einarbeitungszeit. Einfach mal testen. Hier der Link: https://all-inkl.com/PA77E88B818B3F4

## Google Blogger

**Blogger** ist ein kostenloser Blog-Dienst des US-amerikanischen Unternehmens Google Inc., der für die öffentliche Nutzung angeboten wird. Der Dienst bietet die Möglichkeit, die Blogs auf dem unternehmenseigenen Server Blogspot mit einer Adresse wie *meinblog. logspot.com* zu betreiben.

Zusätzlich kann ein eigener Domainname wie www.meinblog.de zum Zugriff auf das bei Blogspot betriebene Blog eingerichtet werden. Es ist ein **Einsteiger Modell** und für den späteren „**Monetisierungsprozess**" nicht so geeignet. Hier der Link: https://blog.google/

# Aussagekräftige Domain auswählen

Eine **Domain** ist deine Adresse im Internet, unter der interessierte Besucher die Webseite finden werden. Es ist ein Teilbereich des hierarchischen Domain Name System und wird weltweit registriert. Mit den Einzelheiten will ich dich jetzt nicht weiter belasten. Diese Arbeit nehmen dir die Provider ab.

Du kannst allerdings den Namen selbst auswählen, sofern der Domainname nicht bereits vergeben ist. Die gängigsten Endungen sind **.com/ .de/ .net/ .info** usw. Das sind die Top-Level-Domains.

**Wichtig ist, einen Namen zu suchen, der eng mit deinem Thema zusammen hängt.** Zum Thema, das sich mit Motorrädern und Frauen beschäftigt, würde ich einen Domainnamen wie

- **www. Bikefrauen**

- **www.motorradfrauen**

- **www.bikepower** oder wenn die Namen bereits belegt sind, eine einfache Kombination wie

- **www.motorrad-frauen**

- **www.heisser-ofen** oder

- **www.mädchen-feuerstuhl** suchen.

Der Name soll **kurz und treffend** ausfallen und sofort einen Bezug zum Inhalt suggerieren. Der Fantasie und deinem Einfallsreichtum sind keine Grenzen gesetzt. Allerdings sind bereits viele Namen vergeben.
Lieber noch eine Nacht darüber schlafen, bis es vielleicht „Klick" macht und diese Domain auch noch frei ist.

Nach einer gut durchgeschlafenen Nacht passieren oft Wunder. Neue Ideen wurden geboren und Dinge die längst vergessen waren, fallen plötzlich wieder ein. So vielleicht auch der 100 %-ige Domainname.

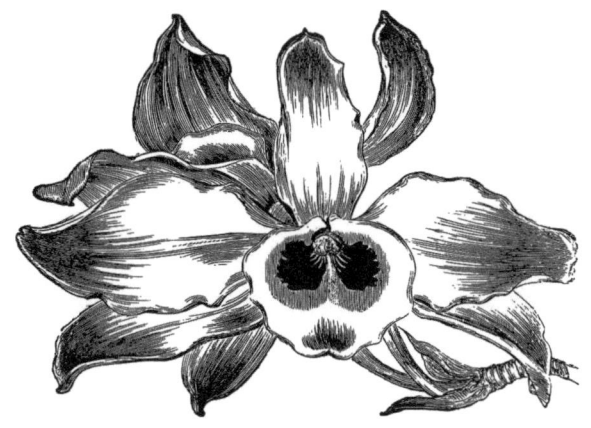

Soll es eine Hompage über die „**Zucht und Pflege von Orchideen**" werden, würde ich als Domain einen Namen suchen wie:

- **Orchideen.de**

- **Orchideen-Zucht.com**

- **Club-Orchideen-Club**

- **Service-Orchideen.de**

Auch muss sich die Domain gut merken und einprägen lassen. Eine lange oder komplizierte Domain wird sich niemand im Gedächtnis behalten können.

**Kurz, prägnant und auf den Punkt gebracht!**

Das sind die wesentlichen Faktoren, die im Ranking und der Google-Suche nachher entscheidende Multiplikatoren darstellen werden. Auch die Auffindbarkeit im Internet unter Millionen Seiten wird vereinfacht. Schau mal auf meine Domain „web-verdienst.com", die treffend den Inhalt und Zweck dieses Buches wiedergibt.

## Wähle einen dauerhaften Namen

Planst du, dein Geschäft zu erweitern, um in Zukunft **weitere verwandte Dienstleistungen anbieten** zu können?

In diesem Fall musst du dir im Voraus über den richtigen Domainnamen Gedanken machen. Unter Orchideen lassen sich zweifellos auch andere Blumen und Gewächse unterbringen. Auch ein Blumenhandel oder ein Blumengeschäft mit diesem Namen passt recht gut.

Wenn die Domain unter **Brautmoden** zu finden ist, lassen sich schwerlich Bikinis, Winterstiefel oder Kletterschuhe unterbringen. Hier ist ein allgemeines Schlüsselwort wie etwa **Bekleidung** oder **Ausrüstung** besser angebracht.

Eine bereits etablierte Domain nachher zu ändern, wirkt sich nachteilig auf Besucher, Suchranking und den Umsatz aus und ist mit zusätzlichen Kosten verbunden.

## Vermeide Bindestriche und suche einen kurzen Domainnamen

Wenn es ohne Bindestrich im Namen geht, ist dies die erste Wahl. Bindestriche führen oft zu Verwechslungen und der Nutzer landet auf einer anderen Webseite.

Google, Twitter sind einprägsam und bestehen aus höchstens sieben Buchstaben. Hier kann versehentlich kein anderer Namen eingegeben werden. Auch Doppelbuchstaben können verwirren.

URL ist die Kurzform für „Uniform Resource Locator"auf deutsch „einheitlicher Ressourcenanzeiger". Eine Website-URL ist somit der Ort einer bestimmten Website oder Datei im Internet.

Es ist deine zukünftige Webadresse, dein Aushängeschild unter der dich Interessenten, Besucher und Käufer suchen und auch hoffentlich Finden werden.

**Soll es so aussehen:**

**Oder lieber so:**

Ich denke wir verstehen uns, was ich damit aussagen möchte.

Zur Seitengestaltung (Theme) und dem hervorragenden **WordPress System** im nächsten Kapitel mehr.

# EINKÜNFTE ERZIELEN

## Aus dem Web Einkünfte erwirtschaften?

Jetzt kommen wir zum eigentlichen Hauptteil „**Einkünfte und Verdienst**" aus der Homepage einfahren.

**Geht das überhaupt?** In den kommenden Kapiteln wollen wir das behutsam durchleuchten.
Wir reden hier nicht von einem Salär oder Tantiemen, andere nennen es Trink- oder Kaffeegeld, nur um einen Teil der laufenden Unkosten zu decken. Sondern eine Bezahlung für die oft mühsam geleistete Arbeit im Internet. **Kein Vermögen oder riesige Einnahmen, aber einige hundert Euro monatlich, die tatsächlich hängen bleiben.**
Ich verspreche nicht zu viel. Lieber untertreibe ich bei diesem Punkt. Bin schließlich kein Politiker, Banker oder Versicherungsagent. Wenn es etwas mehr gibt, liegt es an deinem Fleiß und der Beharrlichkeit.

Jahrelang habe ich fast alle Möglichkeiten die sich bieten getestet und ausprobiert. Soviel Sprüche und fantastische Flausen von angepriesenen Nebeneinkünfte und Verdienstmöglichkeiten im Internet habe ich selten gelesen. Geld ist eben ein Reizthema, das lockt.

„Einfach mal für längere Zeit um die Welt reisen und frei bestimmen, von wo man arbeitet? So verschwendest du dein Leben: Arbeiten, nur um Geld zu verdienen. Lockerer Verdienst, ganz nebenbei."

Es werden Tätigkeitsfelder im Webdesign, Print-Design, Programmierung, Texten, Fotografie, Beratungen oder als Online-Lehrer angeboten.
Nur Geld in angebotene Kurse, Weiterbildung und Seminare zu stecken, wird dich nicht ans Ziel bringen.

Natürlich gibt es Dienstleistungen, die gebraucht und die man komplett über das Internet abwickeln kann. Gute Fachkenntnisse oder ein abgeschlossener Beruf sind meist die Grundlage.

# Online Shops

Der Verkauf über einen **Online Shop** scheint im Moment der Renner zu sein:

- **Verkauf von Kunst online** – Ganz gleich, ob du Maler, Fotograf oder Musiker bist, um dein neuestes Meisterwerk mit einer wunderschön gestalteten Website in eine Einnahmequelle zu verwandeln.

- Ein sehr einfacher Weg, um schnell online Geld zu verdienen ist durch deine eigene **Fashionlinie.** Du kannst deine eigene Fashionlinie auf den Markt bringen.

- **Starten eines Dropshipping-Shops** – Du brauchst kein Lager voller Inventar, um dein eigenes Business zu betreiben. Du kannst sofort loslegen, indem du ein bereits vorhandenes Produkt von Lieferanten beziehst, die auch Dinge wie das Verpacken und den Versand für dich übernehmen.

- **Angebot eines Onlinekurses** – Hier brauchst du Ahnung, musst einen Videokurs zusammenstellen, in dem du ein dir bekanntes Thema erklärst.

- **Verkauf von Second-Hand-Funden** – Ähnlich funktionierend wie die Ebay-Plattform

- **Dein eigenes Buch oder E-Book veröffentlichen** – Dazu musst du erst ein gutes Buch schreiben, das seine Leser findet.

- **Influencer werden** – Die neue Modeerscheinung. Eine möglichst große Zahl von Fans gewinnen und über einen Blog, den YouTube Kanal oder Instagram Produkte anzupreisen.

- **Nachhilfe oder Fremdsprachenunterricht geben** – gehört zu einem der beliebtesten Nebenjobs, besonders für Schüler und Studierende. Für eine Nachhilfestunde musst du nicht zwingend zu deinem Schüler hinfahren, auch online ist Nachhilfe geben möglich. Es gibt verschiedene **Video-Chat-Programme** mit deren Hilfe du ganz einfach Online-Nachhilfe geben kannst. Viele Materialien kannst du dabei gut verwenden, indem du zum Beispiel deinen Bildschirm freigibst. Auch das Verschicken von Aufgaben ist kein Problem.

Das sind nur einige Beispiele, die Kenntnisse und Glück voraussetzen. In einigen Fällen sicher erfolgreich umgesetzt. **Ein Spektrum von dem (vielleicht bis auf den letzten Punkt) die Finger zu lassen sind.** Im Internet gibt es viele Angebote zu den erwähnten Shop-Systemen.

Gänzlich ohne Arbeit lässt sich kein Online Unternehmen aufbauen. Im Gegenteil: Am Anfang wirst du viel Arbeit oder auch Geld investieren müssen, um später Einkünfte generieren zu können. Schon alleine die Suche nach Möglichkeiten kann unter Umständen sehr zeitaufwendig sein.

Warum solltest du keinen Online-Shop eröffnen? Der Markt ist umkämpft und die Konkurrenz groß, insbesondere in den Bereichen, die schon gut vertreten sind, wie Technik oder Mode. Da mit den Top-Anbietern mitzuhalten, ist für Einsteiger eine schwierige Aufgabe. Nach all der Arbeit und Zeit, die Sie investieren, bleibt die Frage:

# Lohnt sich der Aufwand überhaupt?

Es gibt einiges zu Bedenken. Die viele Arbeit mit dem technischen Shopaufbau, dann noch die ansprechende Gestaltung und die ganzen rechtlichen Bestimmungen. Und was, wenn etwas schiefgeht, was ist mit den rechtlichen Konsequenzen? Mit der Gründung eines Online-Shops gibt es einige Themen, an denen du nicht vorbeikommst.

Wir leben in einer digitalen Welt. Immer mehr Menschen, aber auch Unternehmen, präsentieren sich Online und in den Sozialen Medien. Die eigenen Produkte auch online anzubieten, ist dann nur die logische Konsequenz. Mit dieser großen Konkurrenz stehst du vor der Aufgabe, den potenziellen Kunden einen professionellen Online-Shop anzubieten.

Aber die Aufbereitung und Darstellung von Online-Shops wird immer besser und professioneller. Neben einer sicheren Bestellung erwartet der Kunde auch ein modernes Shopdesign und eine einwandfreie Funktionalität.

Zum Glück bieten einige Shopsysteme mittlerweile Websites im Baukasten-Stil. Durch die Verwendung von praktischen Modulen kannst du schnell einen ansprechenden Online-Shop erstellen. Dafür stehen unterschiedliche Anbieter zur Verfügung, zum Beispiel Shopware, Shopify oder Gambio.

# AFFILIATE PROGRAMME

## Das Werbesystem Affiliate

Affiliate-Systeme (engl. affiliate „angliedern") sind internetgestützte Vertriebsarten, bei denen in der Regel ein kommerzieller Anbieter (engl. Merchant oder Advertiser) seinen Vertriebspartnern (engl. Affiliates oder Publisher) Provisionen anbietet.

Es ist ein weitverbreitetes Werbesystem bei dem über Anzeigen Produkte jeglicher Art über geschaltete Anzeigen oder Links auf der Webseite dem Leser Erzeugnisse oder Dienstleistungen schmackhaft gemacht werden sollen. Dabei wird die Anzahl der Klicks oder meist erst die verkauften Produkte prozentual vergütet.

**Affiliate-Marketing** gehört zu den klassischen Disziplinen im Onlinemarketing. Den Grundstein für das mittlerweile weltweit genutzte Marketing-Modell soll eine international bekannte Handelsplattform gelegt haben: Amazon.

Die Idee war, die eigenen Produkte auf thematisch passenden Websites zu vermarkten und dem Betreiber eine kleine Provision zahlen, wenn er einen Kunden anwirbt. Aus diesem einfachen Modell hat sich knapp 20 Jahre später ein mächtiges Vermarktungsinstrument entwickelt, das fester Bestandteil jedes Onlinemarketing-Mix sein sollte.

Dieses System funktioniert nur, wenn genügend Leser auf die Webseite kommen und auch Interesse für den angebotenen Handelsartikel zeigen. Es sind größtenteils nur Cent Beträge, die bei einem erfolgreichen Kauf zur Auszahlung kommen. Es ist daher wichtig, die in früheren Beiträgen angesprochenen Punkte umzusetzen.

**Zu den Affilate Anbietern**

- Zuerst bei einem bevorzugten **Produzenten** oder Hersteller nach „Partnerprogramm" oder „Affilate" suchen, der das zum Beitrag passende Erzeugnis liefert oder eine entsprechende Dienstleistung anbietet. Hier bewerben!

- Das bekannteste Affilate Programm dürfte von **AMAZON** in vielen Ländern betrieben werden. Hier findet man auch fast alle Artikel für das tägliche Leben. Nach der Anmeldung und Zertifizierung werden Banner, Produktlinks und eigene Tools zur Verfügung gestellt. Es gibt eine Statistik über die getätigten Verkäufe und Provisionen. Periodisch wird nach Erreichen eines Minderbetrages periodisch ausbezahlt. Die Provisionssätze liegen zwischen 1 und 10 %.

Wichtig und erfolgreich und am meisten angeklickt werden nur Artikel, die einen direkten Bezug zum Thema oder geschriebenen Beitrag haben.

Ich habe viele Erfahrungen mit diesem Programm sammeln können und setze es heute aber nur noch sporadisch ein. So könnte eine Werbeanzeige von AMAZON dann aussehen:

Entweder als komplette Anzeige mit Titel und Preis oder rechts nur das Cover (geht in verschiedenen Größen). Am besten mit einem Widget in der Seitenleiste oder wie hier in Reihe und Glied ohne Widget direkt im Beitrag.

Hier ist allerdings der Code im HTML Text "</div<div class="flex-box"><div class="flex-item"></div" voranzustellen.

- **Singlereisen-Partnerprogramm** für eine Reiseseite.

Aktivreisen wie z.B. Segeln oder Golf, Fernreisen nach Indien, Vietnam, Südafrika, USA etc. oder Wellness und Relax in den Alpen oder Städtereisen sind hier buchbar. Mit singlereisen.de verdienst du zwischenw 5% und 7% vom Reisenetto pro vermittelter Reise.

- Das chinesische **Ali Express** Affilate ist ähnlich aufgebaut wie Amazon. Reiche Produktpalette, manchmal unübersichtlich und lange Lieferzeiten.

- **Ebay** – auch ein inzwischen etwas aus der Mode gekommener Anbieter. Für jede qualifizierende Transaktion erhältst du einen Prozentsatz (1,5 – 4 %) des GMB für diesen Kauf, basierend auf den Provisionssätzen auf Kategorie-Ebene.

Nur einige Beispiele von vielen. Du kannst zusätzlich auch deine Social-Media-Kanäle nutzen, um Geld zu verdienen. Dazu musst du nur Werbung für verschiedene Produkte schalten.

Für den Anfang und kleiner Leserschaft vielleicht interessant. Es bleiben nach meiner Erfahrung nur minimale Beträge hängen. Am interessantesten ist hier noch Amazon.


Als Nächstes wollen wir uns den großen Werbenetzwerken widmen.

# Bringt ein Werbenetzwerk das große Los?

Ein Werbenetzwerk (network) ist generell ein Verbund von verschiedenen Online-Plattformen und Medien, über die Werbetreibende Anzeigen schalten können. Dabei tritt das Werbenetzwerk als Vermittler einzelner Firmen auf und bündelt die Anzeigen und Offerten.

Es fungiert als Agent zwischen Werbetreibenden und Online Medien und erhält für jeden erfolgten Verkaufsabschluss eine Provision. Für den Homepagebetreiber (Publischer) ist es kostenlos. Das größte Werbenetzwerk ist **GoogleAdsense**, auf das ich gesondert noch eingehe.

Die Werbe-Industrie ist hochdynamisch und tritt als Google Mitbewerber auf. Zahlreiche Netzwerke habe ich getestet und war immer wieder über die Vielzahl der beteiligten Advertiser (Angebote/ Werbetreibende) überrascht.

# Einige der bekanntesten Anbieter neben Google

(wobei ich nicht nach Qualität liste)

- **AWIN** – mit 21.200 Advertiser und 241.000 Publisher (nach eigenen Angaben). Ein weltweit agierendes Unternehmen mit einer Fülle von Angeboten. Egal, ob Du ein traditioneller Publisher, Medienpartner, Blogger, Vlogger, Besitzer einer Social-Media-Seite bist oder anderweitig Online-Content teilst – Du kannst Affiliate bei Awin werden.

- **AdKlick** – ein kleineres und jüngeres Unternehmen aus Hamburg, das meist per Klick oder Lead (Anmeldung) vergütet. Vorwiegend sind es Mitgliedschaften in Fun-Chats oder Glücksspielen. Das Angebot ist noch begrenzt.

- **Tradedoubler** – Tradedoubler ist ein globales Affiliate Marketing-Netzwerk mit 20 Jahren Innovations-Erfahrung im digitalen Marketing.

- **Belboon**– ein Marketing Netzwerke im D-A-CH Markt. Mit etwa 1.800 Partnerprogrammen und ca. 80.000 Publisher.

- **Travianet** – ein Lösungsanbieter für alle Bereiche in der Touristikbranche. Es gibt Shop-Baukästen über

Kreuzfahrten, Ferienhäuser/ -wohnungen oder Sport-
und Wellnessreisen.

- **Schaltplatz.de** – eine etwas andere Werbeform. Erziele
  Einnahmen, indem du potentiellen Werbekunden
  Werbeflächen auf deiner Webseite zur Verfügung
  stellst. Die volle Kontrolle liegt in deiner Hand.

Nur einige Anbieter, die ich kenne. Die Provisionsausbeute ist
gering und als Lückenfüller einsetzbar. Nur für Nischenseiten
mit ganz bestimmten Themen vielleicht auch ertragreich.
Weitere Werbenetzwerke findest du bei Google unter dem
Schlagwort „**Affillate**„.

# Die großen Versprecher

Um hier wirklich etwas zu verdienen brauchst du eine große
Leserschaft von täglich mindestens **10.000 Besuchern**. Kein
Leser wird nur wegen Werbeanzeigen und Werbelinks deine
Seite besuchen. Nur wenn es etwas besonderes gibt, wie ein
Geschenk oder eine Gratisverlosung oder einen echten
Mehrwert, gewinnst du Nutzer. Es fragt sich natürlich dann, wo
dein Gewinn herkommen soll.

Passives Einkommen über Nacht oder *„In nur einem
Wochenende durch Affilate Geld verdienen"* sind leere
Versprechen und füllen höchstens die Kassen der
Seminaranbieter oder Buchautoren. Hast du nichts zu bieten,
bleiben auch die möglichen Leser und Käufer weg.

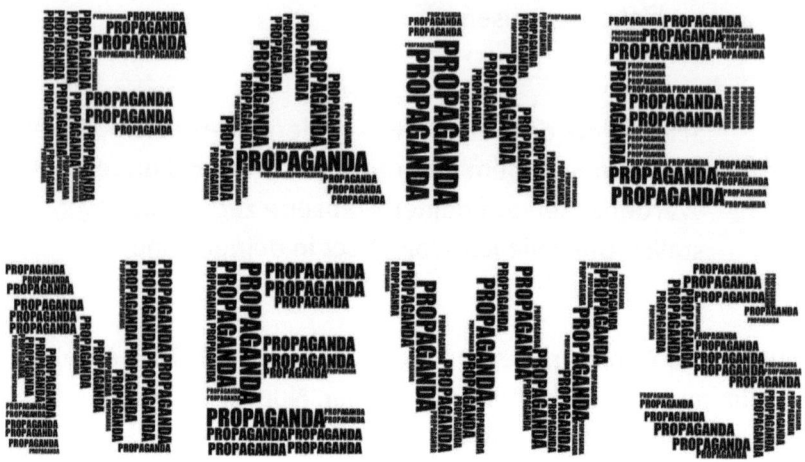

Beim **passiven Einkommen** ist die Idee, dass dieses sich von selbst generiert – du musst nichts oder zumindest nicht viel dafür tun. Grundsätzlich gibt es verschiedene Möglichkeiten, um ein passives Einkommen zu generieren: durch finanzielle Investments (in Wertpapiere, Immobilien, usw.), durch Produktverkäufe (zum Beispiel ein Buch oder Fotos), oder die Vermietung deines Eigentums.

Es muss schon ein außergewöhnliches Sonderangebot sein, das entsprechend über alle Social Media Kanäle massiv beworben wird, um Interessenten anzulocken ...und Werbung kostet wieder Geld.

Unter dem verlockenden Begriff „passives Einkommen" tummeln sich auch viele toll klingende Geschäftsideen, die nur darauf aus sind, deine Einlage/dein Investment, abzuzocken. Jährlich neu werden solche Schneeballsysteme erfunden und

Leute betrogen.

Wenn dir also jemand vorschwärmt, allein über etwas eingezahltes Geld im Paradies des passiven Einkommens gelandet zu sein, sei skeptisch und frage mal die Verbraucherzentrale oder bei Google nach, wie viele Beschwerden es zu dem Angebot schon gibt.

# Steuerliche Einstufung

Auch Einkommen aus dem Internet müssen in Europa versteuert werden. Zumindest in der EU zählen alle Einnahmen, wie die Provision aus dem Affilate zum steuerpflichtigen Einkommen.

Für die deutsche Einkommensteuer entscheidend ist vor allem, ob die betreffenden Einkünfte aus einem Gewerbebetrieb nach §15 Abs. 2 EStG stammen. Ist dies der Fall und ist das Gewerbe außerdem ordnungsgemäß beim Ordnungsamt angemeldet, sind Einkünfte als Einkommen zu versteuern – egal ob Online-Gewerbe oder nicht. Auch die Gewerbesteuer wird in diesem Fall fällig.

Für die Umsatzsteuer spielt es eine entscheidende Rolle, ob die Einkünfte durch ein Unternehmer oder eine Privatperson generiert werden.

Die Definition eines Unternehmer ergibt sich aus dem §2 Abs. 1 UstG und bedeutet eigene Regelungen für den betroffenen Personenkreis, die sich von denen für Kleinstunternehmer, Freiberufler und Privatpersonen unterscheiden. Auch online. Zusätzlich gibt es noch Sonderregeln für Texter, Freelancer usw.

63

Alles natürlich unverbindlich. Frage einen Steuerberater, Anwalt, um deine Situation richtig einschätzen zu können.

# INFLUENCER PLATTFORM

Eine weitere Form über das Internet Geld zu verdienen, sind die Influencer.

**Influencer** sind Menschen, die in sozialen Netzwerken sehr viele Menschen erreichen. Sie bringen andere Menschen dazu, ihnen im Netz zu folgen, also ihre „Freunde" oder „Follower" zu werden. Influencer berichten zum Beispiel von ihrem Leben, ihren Reisen und Abenteuern und machen dabei Werbung.

**Influencer** arbeiten dabei mit Firmen zusammen, die eine ähnliche Zielgruppe ansprechen. Deshalb möchten sie die Reichweite von Influencern nutzen, um für sich zu werben. Sie bezahlen also dafür, dass Werbung für ihr Produkte gemacht wird.

Vor allem jüngere Menschen folgen ihrem „Idol" auch wenn die regelmäßig publizierten Inhalte nicht sehr geistreich sind. Vor allem auf YouTube-Kanälen werden dadurch Millionen Follower angezogen. Das Gleiche gibt es auch im Facebook, Instagram, Pinterest und als Blog.

## Von Beruf Influencer?

Vorbilder wie Bibi, Lisa oder Lena lassen immer mehr – meist junge – Menschen davon träumen, auf Youtube, Instagram, Tiktok oder Pinterest zum Star zu werden. Die Reichweiten solcher Influencer lassen so manchen Fernsehsender erblassen, ihr Monatseinkommen reicht bis zu 50.000 Euro. Teilweise sogar über 100.000 Euro. Ruhm und Reichtum – das ist der Stoff aus dem Karriereträume entstehen. Der Traum geht allerdings nur für wenige Menschen in Erfüllung. Und er birgt Gefahren...

Als erfolgreiche Bloggerin gilt Chiara Ferragni. Vor über zehn Jahren startete Chiara Ferragni ihren Blog „The Blonde Salad". Über 22 Millionen Follower auf Instagram folgen ihr. Sie schrieb über Hochzeitskleider Mode-Geschichte und machte sich auch als Unternehmerin einen Namen. Es sind Einzelbeispiele, die auch viel Glück und das richtige Timing hatten.

## Einstiegshilfe für Newcomer

Du bist Influencer im Bereich **Healthcare** und gesunder **Lifestyle**? Dann bist du auf der gleich genannten Plattform genau richtig. Bezahlte Werbebeiträge nach Vorgaben erstellen. Fotos oder Videos werden meist gestellt.

Gewisse Voraussetzungen musst du natürlich erfüllen. Es muss bereits eine Plattform zu diesem oder einem artverwandten Thema mit einer entsprechenden Follower-Zahl bestehen. Auch sollte die Regionalität mit den Kampagnenvorgaben übereinstimmen.

Dann kannst du dich auf eine oder mehrere Kampagnen bewerben. Nach deiner Bewerbung erfährst du per E-Mail, ob du bei der Kampagne dabei sein wirst!

Wenn Interesse besteht Anmeldung und weiter Informationen unter: **https://t5content.de/** Das System ist seriös und wurde von meinen Partnern bereits mehrfach erfolgreich praktiziert. Gedacht als Einstieg mit kleiner Vergütung.

## Einige Tipps für einen erfolgreichen Start

- Das **Nutzerlebnis** ist das A und O
- Menschen müssen erreicht und begeistert werden
- Es muss die **Möglichkeit des Handelns** durch Follower möglich sein (z.B. Kommentare, Likes)
- Sei authentisch
- **Interaktion ist gefragt**. Leser müssen auch im Beitrag erwähnt und mit einbezogen werden.
- Erzähle und berichte persönlich und möglichst direkt
- **Lustig zu sein, Spaß zu machen** kann auch Relevanz bedeuten

- **Leidenschaft zeigen** - Vertrauenswürdigkeit, Hingabe und einem entsprechenden Durchhaltevermögen.

- **SEO** und die bereits in den vorgehenden Beiträgen angeführten Punkte sind wichtig. Immer wieder meine alten Tipps durchlesen.

Influencer können Blogger, Youtuber, Instagrammer, Politiker, Sportler, Journalisten, Schauspieler, Musiker und generell Prominente sein.

Bekannte Menschen wie Bastian Schweinsteiger, Manuel Neuer oder Wladimir Klitschko gehören dazu. Sie vermarkten durch Ihren Bekanntheitsgrad alle möglichen Produkte die Geld bringen.

Nicht zu vergessen der Mann mit der Kaffeetasse - George Clooney in der Nespresso Werbung.

**Dann viel Spaß beim Denken, Schreiben, Bloggen, Liken, Posten und Teilen und sei immer kreativ!**

# Google AdSense

## Was ist Google AdSense und wie funktioniert es?

Google AdSense ist ein Online-Dienst des bekannten Unternehmens Google LLC. Es setzt nach eigenem Ermessen Anzeigen auf deine Webseite. Werbung für bestimmte Sparten, kannst du ausschließen (Wetten/ Glücksspiele/ Sex usw.).

**Das besondere und der Kern von GoogleAdsense ist aber der ausgefeilte Algorithmus.** Bei der Auswahl der Anzeigen wird automatisch der Inhalt der Zielwebseite berücksichtigt. Suchst du bzw. der Nutzer öfter nach Gebraucht- oder Neufahrzeugen, wird vermehrt Autowerbung eingeblendet. Die Trefferquote erhöht sich und deine Erlöse steigen. Es wird nach einem etwas komplizierten Klick-Prinzip abgerechnet.

## Die Einnahmen steigern

Bei GoogleAdsense kannst du fast alles automatisieren und es Google überlassen, wo und wie viele Anzeigen geschaltet werden. Es ist nicht mehr notwendig, jede Werbeeinblendung einzeln im Code zu implantieren.

Ein HTML Quellcode reicht für die ganzen Webseiten. Google Adsense schaltet dann nach einiger Zeit quer über die Seiten entsprechende Werbung.

Am Anfang etwas zu viel, aber das System muss erst die besten Plätze ermitteln. Nach einigen Tagen beruhigt sich die Technik und es stellt sich eine gewisse Strategie ein. Also hier erst einmal zuschauen und abwarten.

Die Höhe der Einnahmen hängt von den Klicks ab. Eigenklicks werden erkannt und abgemahnt. Auch können sie zum Ende der Google Zusammenarbeit führen.

- Wichtig ist das Volumen des qualifizierten Traffics auf deiner Seite
- Die Qualität und Länge deiner Artikel und Beiträge und die
- Anzahl der Werbetreibenden in deiner Sparte oder besser Nische

Je hochwertiger und ausführlicher die einzelnen Beiträge auf deiner Seite, desto besser vergütete Werbung wird eingespielt. Auch werden mehr Besucher kommen und die Leserschaft vergrößern. Es liegt an dir, welche Mühe und Arbeit in einen Beitrag investiert wird. Kopien, viele Fotos oder Videos werden GoogleAdsense nicht entzücken.

**Google will neu erstellte Inhalte, die originell, einzigartig und von hoher Qualität sind.** Der Leser soll einen Nutzen aus den Ratschlägen, Tipps und Informationen ziehen können. Es sind hohe Kriterien, die Google an die Aufnahme und Vermarktung einer Webseite stellt.

Damit aber nicht genug. Es werden weiteren Voraussetzungen zur Eröffnung eines GoogleAdsense Konto benötigt. Den etwas mühsamen Weg bis zum Ziel werde ich beschreiben.

# Eignungskriterien für Google Adsense

Um bei Google Adsense aufgenommen zu werden, müssen zuerst einige **Grundvoraussetzungen** erfüllt sein. Nicht jede Webseite wird (gleich) akzeptiert. Einige Bedingungen hatte ich bereits angesprochen. GoogleAdsense betrachtet sich als Pionier und Vorreiter für qualifizierte Online-Werbung und erwartet einen entsprechenden Internetauftritt.

Die besten Chancen haben Seiten und Domains, die bereits länger bestehen und einen gewissen **Content** aufweisen. Es gibt keine genauen Richtlinien, ob die Webseite bereits länger als 6 Monate besteht oder mindestens 15 bzw. 20 Beiträge beinhalten muss. Es wird von Fall zu Fall individuell oder über ein Computerprogramm entschieden, wer aufgenommen wird.

Der ganze Prozess kann sich über mehrere Wochen hinziehen. Einige meiner Seiten waren nach einem Tag bereits freigegeben, auf andere musste ich Wochen warten. Es wird gerade bei neuen Seiten von Google getestet, welche Qualitätsbeiträge jetzt noch hinzu gefügt werden.

team concept strategy
quality reliability
service performance experience
ability goal professionalism
knowledge competence
creativity
dynamics responsibility
flexibility

## Unabdingbare Teilnahmevoraussetzungen

1. Die **Eigentumsrechte** der Webseite müssen bei dir liegen und du musst Zugriff auf den HTML-Quellcode haben. Nur so können die Besitzrechte überprüft werden. Alternativ kann auch eine Direktabfrage beim Provider (geht bei 1&1) erfolgen oder es muss das WP Plugin **„Header and Footer Scripts"** eingebunden werden. Hier kann auch der Google-Code in den Quelltext eingefügt werden.

2. Die Navigation auf der Webseiten muss klar strukturiert und nutzerfreundlich und der Content einzigartig und interessant sein – darüber hatte ich bereits geschrieben.

3. **Entspricht der Content den AdSense-Programmrichtlinien?** Keine illegalen Inhalte/ Verletzung geistiger Eigentumsrechte/ Gefährliche oder

abwertende Inhalte/ Misshandlung von Tieren/ Falschdarstellungen/ Alkohol/ Tabak usw. Lies bitte selbst die umfangreichen Google-Richtlinien durch.

4. Deine Webseite muss ein **Impressum** und **Richtlinien zum Datenschutz** enthalten. Das ist seit einiger Zeit nach EU-Recht vorgeschrieben. Ebenso ein **Cookie Banner** der vom Leser erst akzeptiert werden muss. Dafür gibt es kleine Plugins.

## Bei AdSense registrieren

Erst jetzt ist es sinnvoll, sich bei GoogleAdsense zu registrieren. Dazu brauchst du zunächst ein Google Konto. Die meisten werden bereits ein Konto besitzen. Dann im Browser oben rechts im Raster Google Adsense das Button (meist unter „für Unternehmer") anklicken.

Alles ausfüllen und den erhaltenen Code wie bereits beschrieben im Quellcode der Homepage einfügen. Dazu gibt es eine ausführliche Anleitung. Wenn alles geklappt hat, überprüfen lassen.

Im Erfolgsfall öffnet sich dann das AdSense-Fenster. Hier ist die registrierte Domain aufgelistet und trägt den Vermerk „**Vorbereitung läuft ...**". Jetzt ist Warten angesagt.

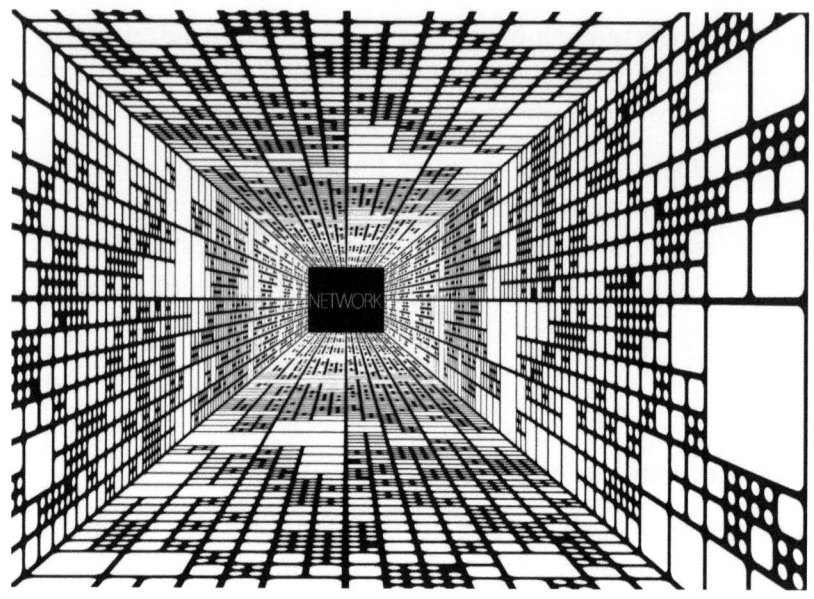

In der Zwischenzeit kannst du den Code auf jeder Seite platzieren, auf der Anzeigen ausgeliefert werden sollen. Sobald Google alles überprüft und sein Okay gegeben hat, können auf deiner Website Anzeigen ausgeliefert werden.

Welche Anzeigenformate ausgeliefert werden, lege auf der Seite Anzeigen fest. Ich schlage vor, gleich auf **„Automatisch"** zu gehen.

Nach einiger Zeit erscheint in der Kopfzeile **„ads.txt-Datei für 1 Website erstellen"**. Diesen Code über Plugin oder direkt im Quellcode verankern.

Etwas mühsam beim ersten Mal, aber zu schaffen. **GoogleAdsense** verschafft dir einen regelmäßigen Verdienst, mit dem zumindest die **Unkosten** abgedeckt werden. Ausbezahlt wird jeweils am 22. des Folgemonats, wenn ein gewisser Mindestbeitrag aufgelaufen ist (zur Zeit 65 Euro).

Es liegt nun an dir inhaltsreiche Beiträge (Contents) zu schreiben und die Leser immer mehr zu begeistern, um deine Gefolgschaft zu vergrößern.

Adsense ist ein System das völlig automatisch arbeitet. Es liefert auch Hinweise und Statistiken sowie Verbesserungsvorschläge.

# Google hat Macht

Durch die Komplexität und Vielzahl der digitalen Einflüsse Googles auf unser Nutzungsverhalten entsteht ein Zwiespalt:

Wieso wird eine Firma, die so viele kostenlose und für viele nützliche Dienste anbietet, von Politik und besorgten Nutzern so kritisch gesehen?

Vor allem, weil hinter der digitalen Macht ein großes Wirtschaftsimperium steckt. Die Zahlen sind beeindruckend: 2015 setzte Google fast 60 Milliarden US-Dollar um, generierte 12 Milliarden US-Dollar Gewinn und wird im Monat von 1,25 Milliarden Menschen genutzt. Tendenz steigend.

In Deutschland hat das Unternehmen einen gewaltigen Marktanteil von fast 95 %, weltweit sind es 71 %. Neben der Werbung sind es natürlich die gesammelten Daten, die der Konzern gewinnbringend einsetzt, um Produkte wie das Android-Betriebssystem zu entwickeln. Googles Dienste tangieren fast jeden großen Bereich im Internet, neben der Suchmaschine gibt es noch jede Menge weiterer Anwendungen in allen kommerziellen und freien Sparten digitaler Dienstleistungen. Und es werden immer mehr.

Ein Problem ist auch, dass es sich um ein US-Unternehmen handelt und dort auch die gesammelten Daten gespeichert werden. Die US Geheimdienste haben längst Zugriff auf diese Informationen und verwerten sie.

Trotzdem kommt niemand an Google vorbei und muss, ob mit Einverständnis oder ohne, das Ausspionieren hinnehmen. So ist es auch in der Werbung, dass ohne den Konzern nicht viel geht und keine oder nur kleinste Umsätze zu erreichen wären.

# SEO OPTIMIERUNG

## Was ist SEO überhaupt?

SEO ist die Abkürzung für **Search Engine Optimization**. SEO ist der Prozess der Verbesserung deiner Website, sodass sie höher in den Suchmaschinenergebnissen liegt. Dies bezieht sich auf die Keywords oder Schlüsselworte.

Google ist die bekannteste und größte Suchmaschine und wichtigste Quelle mit nachhaltiger Reichweite. Je weiter eine Webseite in den Ergebnissen vorne rankt, desto mehr Internet

Nutzer werden darauf klicken. Keiner blättert fünf Seiten nach hinten, um auf seine Frage eine Antwort zu finden. Neben Google gibt es noch Bing und weitere Anbieter.

Für viele ist Google die wichtigste Such-Quelle. Um schnell gefunden zu werden, muss als einer der vordersten Plätze angestrebt werden. Das sorgt für mehr Leser, mehr Umsatz und ist einer der wichtigster Hebel im Online-Marketing.

Das wollen wir über die bisher schon beschrieben Wege und SEO unbedingt erreichen. Wer nach Hamburg sucht wird tausende Webseiten finden. Die Wahrscheinlichkeit auf deine „Hamburg" Seite zu stoßen ist sehr gering. Heißt deine Seite „Fischmarkt Hamburg" und jemand sucht danach, wird schon früher ein Treffer zu verzeichnen sein. Nischenseiten liegen hier bei entsprechender Suche vorne.

Das ist nur eine von vielen Möglichkeiten höher zu Ranken. Die Kriterien, nach denen Google & Co. den möglichen Treffer auswählt, bleibt Geheimnis von ausgefeilten Algorithmen, die auch ständig verändert werden.

Brauche ich überhaupt eine Optimierung?
Über 60 Prozent des gesamten Website-Traffics wird über Google generiert. Es wäre also Selbstmord, sich nicht mit Suchmaschinenoptimierung zu beschäftigen.

Trotzdem bin ich Gegner, zu diesem Zweck extra viele Plugins und Widgets einzusetzen. Jedes dieser kleinen Helferlein beeinträchtigt und verlangsamt die gesamte Webseite.

Ein Plugin hilft sicher bei der Optimierung, dem Cache oder mit Performance- und Marketingtools. Dabei werden allerdings oft andere Webseiten Funktionen gestört oder beeinträchtigt. Im schlimmsten Fall stürzt die Seite ab und kann nicht mehr aufgerufen werden.

Ein WordPress (WP) Plugin kann ich trotzdem für die SEO Optimierung empfehlen. **Yoast SEO** übernimmt viele Aufgaben, ist leicht und beeinträchtigt keine anderen Orders. Auf all meinen Web-Seiten ist es seit Jahren im Einsatz.

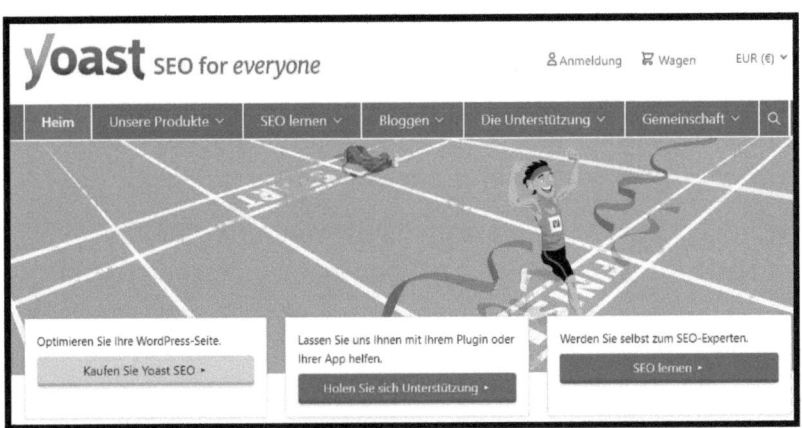

Es kontrolliert den Umfang, die Keywords, die Verlinkung und andere wichtige SEO Funktionen. Erst dann gibt es grünes Licht und der Artikel kann veröffentlicht werden. Das Plugin ist in der Grundversion kostenlos und das reicht aus.

# Der „Content is King"

Auch wenn ich mich wiederhole. **Der Inhalt des Beitrags bleibt auch bei der SEO Optimierung das A & O.** Ohne Antworten,

79

Tipps oder Ratschläge zieht der Leser und Google sieht es genauso, keinen Nutzen.

Textlängen von mindestens 300 Wörtern reichen aus. Es müssen keine Romane und langwierigen Erzählungen sein. Dann lieber den Inhalt auf mehrere Beiträge verteilen. Durch ausgefeilte Algorithmen sind Suchmaschinen wie Google inzwischen in der Lage, auch den Informationsgehalt eines Textes und somit den Mehrwert für den Leser einzuschätzen.

Das Keyword muss in die Überschrift und 3 bis 5 mal in den Text. Verlinkungen auf eigene und fremde Seiten sind nützlich. Einige komprimierte und auf Format geschnittene Fotos (Urheberrecht beachten) reichen aus.

Nicht von den #SEO Freaks und den Wunderangeboten verrückt machen lassen. Es geht auch mit einfachen Mitteln.

# Was ist SSL Verschlüsselung?

SSL ist die Abkürzung für Secure Socket Layer. Um aus einer HTTP Verbindung nun eine HTTPS Verbindung zu machen, wird eine SSL Verschlüsselung verwendet. SSL steht für Secure Socket Layer und wurde von der Netscape Communications Corporation entwickelt.

**SSL** steht für für die Absicherung von Internetverbindungen und den Schutz sensibler Daten, die zwischen zwei Systemen übertragen werden.

**Achte auf die Adresszeile im Internetbrowser.** Bei einer sicheren Verbindung steht dort

„**https**" statt „http".

Außerdem weist der Internetbrowser durch das Symbol eines Schlosses (bei Chrome grün) in der Adresszeile auf eine verschlüsselte und damit sichere Verbindung hin.

Es handelt sich um ein Internetprotokoll, das sensible Daten (z.B. Bezahlinformationen, Kreditkartendaten), die zwischen

zwei Systemen übertragen werden, verschlüsselt. So können Dritte die übermittelten Daten nicht auslesen oder manipulieren.

## Nutzen für SEO

Lange Zeit war die SSL-Verschlüsselung von Websites lediglich ein Sicherheitsfeature, das nur für sensible Bereiche wie den E-Commerce eingesetzt wurde.

In Bezug auf die Suchmaschinenoptimierung wurde deshalb meist lediglich auf mögliche Probleme mit Duplicate Content verwiesen. Dies war immer dann gegeben, wenn URLs einer Domain sowohl mit https als auch mit http den gleichen Content auslieferten. Dann hat Google im August 2014 die SSL-Verschlüsselung von Websites offiziell zum **Rankingfaktor** deklariert.

# Etwas neues versuchen

Eigentlich wäre es jetzt an der Zeit, etwas Neues auszuprobieren um mehr Schwung in die seit Jahren betriebene Homepage zu bringen. Das waren meine Gedanken und Überlegen in den vergangenen Monaten.

Ich betreibe seit über 10 Jahren eine Informationsseite, die über die Geschehnisse, das Wetter, Ausflugstipps, Archäologische Funde, Unfälle, neue Errungenschaften und die Natur in meiner Heimat berichtet.

Nichts besonderes und eigentlich nur für Insider, Interessenten und Liebhaber dieser Urlaubsregion ein Informationsgewinn.

Eine Art digitale Tageszeitung bei der ich jeweils nur ein aktuelles Thema aufgreife und es dann etwas ausführlicher schildere und auch Recherchen anstelle. Nicht nur Stichworte mit einer Überschrift, sondern detaillierte Angaben mit mindestens 300 Worten und einigen Fotos.

Wöchentlich 2 bis 3 Beiträge mit wichtigen und weniger wichtigen Artikeln. Die Leserschaft, meist Stammleser, liegt konstant pro Tag bei 700 bis 1000 Usern. Geschmückt mit einigen Links zu wichtigen Stellen, ein paar eigenen Werbeanzeigen. Als Verdienst- und Werbepartner habe ich GoogleAdsense mit ins Boot geholt.

Dinge habe ich, außer meinen gebietsbezogenen Büchern nicht zu verkaufen. Hier ein paar Links auf Online Bezugsquellen wie AMAZON.

Die Seite selbst wollte ich nicht groß umgestalten, da meine

Leser Kontinuität und Beständigkeit lieben. Das weiß ich aus den vielen Kommentaren und meinen statistischen Erhebungen. Warum dann viel ändern und Leser abschrecken.

Außer kleinen optischen Layout Verbesserungen und die Kommentarfunktion kundenfreundlicher machen, war auch nicht mehr drin.

So hat man meine Seite geliebt und war die einfache und weniger spektakuläre Aufmachung über die Zeit gewohnt. Die Leserschaft liegt im etwas reiferen Alter von +40 Jahren, die ruhige Gegenden, die Natur und das Wandern lieben. Mehr Individualisten die nicht den Massentourismus, sondern auch private Urlaubsquartier wie Landhäuser für ihren Ferienaufenthalt bevorzugen.

Daten die mir bekannt sind und darum die Beiträge auch auf diese Zielgruppe ausrichten konnte. Menschen die nicht jeden Pfennig umdrehen müssen und auch mehrmals im Jahr in Urlaub gehen. Treue Leser aus der Region, Deutschland, Spanien, der Schweiz und Österreich.

Vielleicht hast du es schon erraten wo sich meine Heimat befindet. Nicht in Deutschland, sondern in Spanien, geografisch in Afrika, auf den Kanarischen Inseln. Meine Heimat ist die kleine Insel **La Palma** ganze 28 x 49 Kilometer groß.

Hier lebe und schreibe ich seit nunmehr 25 Jahren und bin inzwischen selbst ein kleines Stück dieser Insel geworden. Während meines Berufslebens war ich als Reise- und Tourenleiter mit Herzblut für meine Aufgabe da. Dazwischen immer mal wieder ein Buch geschrieben, das sich mit der

Schönheit und der unbändigen Natur dieser Insel und den Nachbarinseln oder der Kanaren Kreuzfahrt beschäftigt. Alles unter AMAZON und anderen Buchversendern oder unter https://lapalma1.net/meine-buecher/ zu finden.

Jetzt in Pension und als Privatier ist das Leben noch lange nicht beendet. Ein neuer Zeitabschnitt beginnt.

# Leben heißt Entwicklung und heißt Veränderung

Es ist nie zu spät ist, um in seinem Leben etwas Neues zu beginnen. Leben heißt letztlich Entwicklung und Entwicklung bedeutet Veränderung. Wir entdecken immer mehr den Kern unserer Persönlichkeit, unsere wahre Berufung, und wollen diese in der Welt in unserem Traumjob verwirklichen.

Für einen neuen beruflichen Job ist es zu spät. Werden wir uns also um den Ausbau und wenn es geht um mehr Perfektion der bereits bestehenden Infrastruktur kümmern.

Ein neues Projekt mit anderem Thema und neuer Homepage scheint mir zu langwierig und ohne große Chance auf Erfolg zu sein. Will ich also versuchen mit neuen Ideen den Erfolg und die Verdienstmöglichkeiten der bestehenden Website zu erhöhen.

Als Rentner habe ich mehr Zeit mich am Schreibtisch und vor dem PC auszutoben. Bisher war dieses Ansinnen fast ergebnislos und hat finanziell keine Steigerung gebracht.

Mit meiner Erfahrung und dem festen Willen hier an der Schraube zu drehen, trat ich an. Wo ein Wille ist auch ein Weg. Nur diesen Weg zu finden, nicht ganz einfach.

**Positives Denken** ist eine Fähigkeit, die nicht jedem in gleichem Ausmaß und jederzeit in gleicher Intensität zur Verfügung steht. Wir haben alle unsere Sternstunden aber auch die Stunden in denen uns der Alltag die „Kraft" im wahrsten Sinne des Wortes raubt.

Wollen wir uns zunächst kurz und ohne esoterischen Spiritismus mit positivem Denken und Optimismus beschäftigen.

Viele Menschen rollen beim Thema "positives Denken" erst einmal mit den Augen. Der Grund ist eine falsche Vorstellung davon, was damit eigentlich gemeint ist. Positives Denken bedeutet nicht, alles Negative einfach auszublenden. Und es bedeutet schon gar nicht, mit einer rosaroten Brille auf der Nase, entrückt und bar jeder Realitätswahrnehmung, durch die Welt zu tänzeln.

„Positives Denken" steht in enger Verbindung zu Begriffen wie Bewusstheit, Selbstreflexionsfähigkeit, Selbst- und Fremdwahrnehmung, um nur die wichtigsten zu nennen. Geben wir diesen Begriffen eine Überschrift, so landen wir bei der „Achtsamkeit".

Ziel von Achtsamkeit ist, seine Fähigkeiten zu verbessern, sich auf den Augenblick zu konzentrieren, auf das „Hier und Jetzt".

Vielleicht wird an dieser Stelle deutlich, dass positives Denken ohne Achtsamkeit eine echte Herausforderung darstellen kann. Natürlich gibt es auch Menschen, die per se schon positiv denken. Die das berühmte "halb volle Glas" in einer Situation sehen, also eher ihre positiven Aspekte wahrnehmen als ihre Negativen. Die sich etwas zutrauen, an Erfolge und Möglichkeiten glauben und Dinge angehen, die andere für nicht machbar halten.

Fast alle großen Erfolge der Geschichte haben mit positivem Denken zu tun: Jemand hat an eine fast unglaubliche Möglichkeit geglaubt und sie umgesetzt.

Genau diese Einstellung hat mich beflügelt und muss auch dich anspornen, um das mit aller Gewalt angestrebte Ziel zu erreichen. Alles andere zunächst beiseite schieben und dich ganz auf deine Bestrebung konzentrieren.

# Wo die Geschichte neu beginnt

Alle was du bisher von mir gehört und gelesen hast, ist die Grundstruktur für eine erfolgreiche Webseite. Nur wen das Konzept so eingehalten und aufgebaut wurde, lassen sich auch problemlos die nachfolgenden Komponenten für eine Kommerzialisierung und damit eine echte Verdienstquelle aufbauen.

Das einzige was du weitermachen musst, sind regelmäßig aussagekräftige Beiträge zu schreiben. Den Rest erledigt weitgehend die automatisierte Software.

**Eine kleine Revolution mit durchschlagendem Erfolg, soviel sei schon jetzt verraten.**

# Ein besonderes Ereignis

Los ging alles vor knapp einem Jahr. La Palma erlebte am 19. September 2021 einen **Vulkanausbruch**. Auf der Westseite der Insel brach nach tagelangen Erdbeben erstmals wieder nach 50 Jahren Ruhe ein Vulkan aus. Eine riesige Feuer- und Dampfsäule und große Lavaströme bis zu Atlantik. Rund 6.000 Menschen mussten evakuiert werden und 2000 Häuser, Gebäude und Stallungen wurden unter den Lavaströmen für immer begraben. Zum Nachlesen folge dem Link:

https://lapalma1.net/2021/10/28/die-urgewalt-der-natur/

Jetzt gab es natürlich für mich auf der Web-Informationseite viel zu berichten. Es war ein Elend für die Bewohner und die gesamte Insel.

Das Ereignis interessierte die ganze Welt. Auf allen Nachrichtenkanälen wurde darüber berichtet. Die Eruptionsphase dauerte 3 Monate und wurde kurz nach Weihnachten 2021 dann vom Krisenstab für beendet erklärt. Viele Menschen informierten sich auf meiner La Palma Webseite. Es war auch für mich ein hartes Stück Arbeit im Stundentakt die neuesten Nachrichten und Entwicklungen einzustellen.

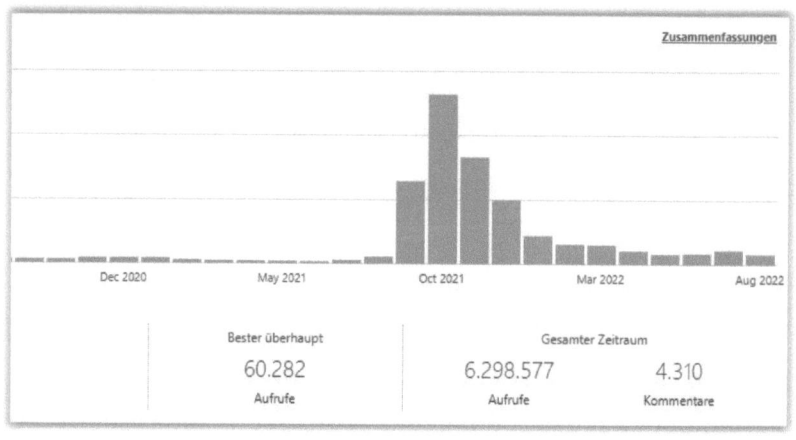

Am 27. September 2021(hoher Balken) hatte ich innerhalb von 24 Stunden **60.282** Seitenaufrufe. Im Dezember 2021 stellte der Vulkan seinen Betrieb ein und das Interesse der User wurde geringer.

Schön an der Balkengrafik zu erkennen. Zu erkennen ist aber auch, dass konstant täglich 3 bis 4.000 Besucher auf der Stange blieben und bis zum heutigen Tag (Ende August 2022) die Treue hielten.

Von durchschnittlich 700 bis 1000 Besucher vor dem Vulkan

auf täglich 3500 Leser in der Folgezeit. Eine Steigerung von über 300 % an regelmäßigen Lesern. Zu verdanken hatte ich auch den Zuwachs meinem neuen System das ich noch im Einzelnen vorstellen werde.

Mehr Leser bringen auch automatisch mehr Umsatz und damit mehr Gewinn. Über Zahlen möchte ich hier nicht reden, aber es lohnt sich.

## Der zweite Glücksmoment

Ob ich es Zufall oder Glück nennen kann, lass ich mal dahingestellt. Wahrscheinlich 50 % von beidem.

Auf jeden Fall meldete sich im Januar 2022 ein Simon der mir bis zu diesem Zeitpunkt unbekannt war. Er berichtete von einem neuen US-Unternehmen, das durch eine ausgeklügelte einzigartige Software die Einnahmen auf meiner Webseite um 100 Prozent steigern könnte. Alles kostenlos und unverbindlich.

Nachdem mir derartige Ansinnen und verlockende Angebote nicht unbekannt sind, habe ich nicht darauf reagiert. Schaumschläger hatte ich bereits viele erlebt.

Doch Simon gab nicht auf. Nach der 3. E-Mail wurde ich wach und schaute mir das Versprechen etwas näher an.

*„Ich gehe davon aus, dass Sie bisher noch keine Zeit hatten, um sich mit unserem Angebot zu beschäftigen. Es wäre jedoch schade, wenn Sie solch eine Gelegenheit zur Verbesserung Ihrer Website verpassen würden, also versuche ich es ein weiteres Mal.*

*Wenn Sie Ihre Werbeeinnahmen steigern und gleichzeitig eine hohe Nutzerzufriedenheit erhalten möchten, kommt es insbesondere auf Aspekte wie beispielsweise die Größe, Menge und Platzierung der Anzeigen an. Dies sind wichtige Faktoren, welche das Verhalten und Engagement Ihrer Leser und folglich auch die Einnahmen aus der Werbung beeinflussen ...“*

So der gekürzte Inhalt seiner Nachricht mit einem Link.

Ihr dürft mir glauben, dass ich täglich mindestens so oder eine ähnlich lautende Mail in meinem Postfach vorfinde und Werbung hatte ich bereits über Google Adsense geschaltet.

Irgendetwas machte mich aber neugierig. Ich weiß heute nicht mehr warum ich mir den beigefügten Link dann etwas näher betrachtete und weitere Informationen abfragte.

Heute kann ich behaupten, dass dies ein **Glückstreffer** und die richtige Intuition zur passenden Zeit war. Mein Bauchgefühl sagt ja, mein Kopf war noch nicht so sicher und rät erst einmal abzuwägen.

**Was tun?** Sollte ich jetzt auf mein Bauchgefühl hören? Viele Menschen stellt ihre Intuition regelmäßig vor ein Dilemma. Zugegeben, unsere Gefühle machen Entscheidungen nicht leichter, dafür aber oft besser.

Denn das **Bauchgefühl** besitzt Superkräfte und greift dabei auf Millionen Informationen im Unterbewusstsein und unseren gesammelte Erfahrungsschatz zurück. Und das binnen Sekunden! Ob Beziehung, Liebe oder Job: Wer eine komische Vorahnung hat, sollte auf seinen sechsten Sinn hören. Nicht selten treffen Sie so die bessere Entscheidung. Das bestätigen sogar neuste Studien...

Das Bauchgefühl beschreibt die Fähigkeit, eine subjektive Einschätzung oder Einsicht zu erlangen ohne die bewusste Nutzung des Verstandes oder rationaler Schlussfolgerungen. Oft macht sich unser Bauchgefühl in Form einer komischen Vorahnung bemerkbar. Wir haben intuitiv das Gefühl, etwas stimmt nicht, ist richtig oder falsch. Danach entscheiden wir uns spontan und „aus dem Bauch heraus" oder mittels „gesundem Menschenverstand".

Wie du dich auch entscheidest – das Ergebnis erfährst du erst später. Es kann das große Los oder der Griff ins Klo gewesen sein.

# Zur richtigen Zeit am rechten Ort

Du kennst die Redewendung „zur rechten Zeit am rechten Ort". Für manche Ziele ist die Zeit reif, für andere noch nicht. Das sagt uns schon der gesunde Menschenverstand. Wann der richtige Augenblick gekommen ist, ist individuell sehr verschieden.

Oft ist man einen Zeitraum lang gesperrt und mit anderen Dingen beschäftigt. Es besteht einfach keine Lust sich jetzt mit anderen Angelegenheiten zu beschäftigen.

Wenn man krampfhaft sucht, kommt meist das Gewünschte nicht. Man sucht und sucht und findet es nicht. Dann plötzlich macht es Klick und wie von Zauberhand springt die richtige Idee in den Kopf.

So oder ähnlich muss es gewesen sein , als ich den Vorschlag als eigene Idee aufnahm und überzeugt war, das könnte und wird funktionieren.

Ziel war und das darf nie vergessen werden, mit dem Internet mehr Geld zu verdienen.

Jetzt scheint alles gepasst zu haben und ein praktikabler Weg zu diesem Ziel gefunden. Nicht von mir erfunden, aber entdeckt und auf meinen Webseiten umgesetzt und erfolgreich getestet.

Davon sollst du nun auch profitieren. Nicht aus Nächstenliebe und auch nicht ganz umsonst habe ich dieses Buch geschrieben. Aber ich denke es ist erschwinglich und hat die Kosten bereits im ersten Monat wieder eingespielt.

Es ist ein ausgeklügeltes maschinelles Computersystem, das

automatisch durch echtes maschinelles Lernen, passende Anzeigen und Layouts platziert, um den Umsatz jedes Besuchers gemäß genauen Testspezifikationen und Präferenzen maximiert.

Hört sich etwas kompliziert an, funktioniert aber wie GoogleAdsense nur effektiver und ist kostenlos. Für dich entstehen also keine Kosten.

Zunächst von der Technik nicht irritieren lassen und nur einmal auf den Erfolg und die erzielten Erträge schauen und vergleichen. Du wirst staunen wie bereits nach wenigen Tagen, deine Einnahmen in die Höhe schießen. Zunächst darfst du allerdings noch keine gigantischen Sprünge erwarten. Es braucht seine Zeit.

Die notwendige Einstellungen und die Feinjustierung hat später noch Zeit.

In den nachfolgenden Kapiteln werde ich alles ganz genau erklären und meine bisherigen Erfahrungen einfließen lassen.

# Was ist künstliche Intelligenz?

Die künstliche Intelligenz (KI), einfach erklärt, ist der Versuch, menschliches Lernen und Denken auf den Computer zu übertragen und ihm damit Intelligenz zu verleihen. Statt für jeden Zweck programmiert zu werden, kann eine KI eigenständig Antworten finden und selbstständig Probleme lösen.

Wenn wir in der heutigen Welt von KI sprechen, hat das jedoch wenig mit dem zu tun, was wir aus Filmen und Büchern kennen. Im echten Leben begegnen uns KIs nur versteckt – wenn uns auf Amazon neue Produkte empfohlen werden, wenn Personen auf Fotos automatisch erkannt werden oder wir mit „Alexa" oder „Siri" auf unserem Handy plaudern.

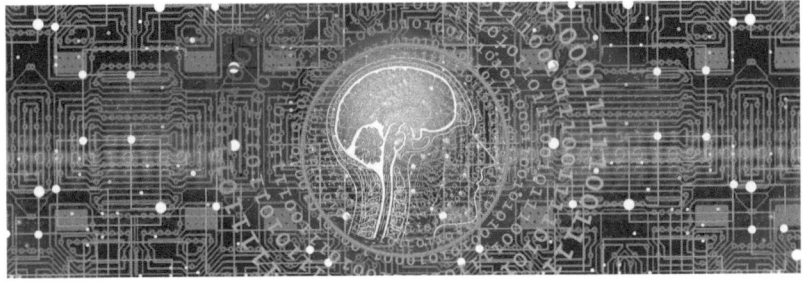

Wo begegnet uns künstliche Intelligenz im Alltag?
Ob automatisiertes Fahren, Smart Home, Gesichtserkennung, Musikstreaming, medizinische Diagnosen, Navigation, menschliche Roboter oder digitale Sprachassistenten – künstliche Intelligenzen erhalten zunehmend Einzug in den Alltag. Oftmals geschieht dies aber unbewusst, sodass wir es

überhaupt nicht merken oder darüber nachdenken.

Eine Maschine, die Probleme genereller Art lösen kann– also jede Frage, die man ihr stellt.

Und das nicht nur mit mir, sondern mit Milliarden Gesichtern in Bruchteilen von Sekunden. Eine KI ist also in der Lage, mit bisher unbekannten Daten umzugehen, Muster zu finden oder Handlungen daraus abzuleiten. Sie lernt eigenständig aus den ihr vorliegenden Daten – was sie lernt, wird dabei aber vom Menschen vorher bestimmt, indem dieser die KI designt. Der Mensch programmiert die KI, die KI lernt jedoch eigenständig, wie sie die ihr einprogrammierte Aufgabe ausführt. KI sind damit weitaus mächtiger als regelbasierte Systeme, da sie auf – im gewissen Rahmen – bisher unbekannte Situationen reagieren können und aus Erfahrung lernen.

## Ezoic benutzt diese moderne Technik

Ezoic ist eine Technologie (oder ein System), die informativen Seiten hilft, die Benutzbarkeit / das Entdecken von Inhalten auf der Seite und die Einnahmen aus Werbetreibenden zu verbessern. Die Haupt-Features umfassen:

**1. Ezoic's Ad Tester** - der die Anzeigenpositionen, -größen und -platzierungen auf deiner Seite testet, während Ihr Inhalt genau gleich bleibt. Dies hilft herauszufinden, was den Besuchern gefällt und was nicht, bevor eine Anpassung vorgenommen wird, um die Nutzererlebnis-Metriken (wie Zeit auf der Seite, Seitenaufrufe pro Besuch, Absprungsrate...) zu verbessern und die Anzeigenpreise zu erhöhen. All dies basiert auf Daten und Zahlen. Unsere Mediation Apps ermöglicht es Webseitenbetreibern, alle bestehenden Werbepartner zu verbinden und sie auf einem gleichmäßigen Wettbewerbsfeld gegen die eigenen Werbepartner von Ezoic antreten zu lassen.

**2. Ezoic's Layout Tester** - der die Vorlagen und das Aussehen Ihrer Seite testet, während Ihr Inhalt genau derselbe bleibt. Er nimmt ebenfalls Anpassungen vor, um die Metriken des Nutzererlebnisses zu verbessern und stützt sich auf Daten und Zahlen.

**3. Ezoic's Site Speed Accelerator** - der die Geschwindigkeit der Webseite, die Ladezeiten der Seiten und die PageSpeed Insights-Scores erhöht.

## Was kann eine KI nicht?

Die KI ist kein genereller Problemlöser – noch nicht. Sie kann zwar Daten ungeheuer gut verarbeiten und Muster erkennen, aber verstehen kann sie sie nicht. Die künstliche Intelligenz besitzt keinen gesunden Menschenverstand.

Wenn sie, aufgrund von unzureichenden Daten oder schlechter Programmierung, zu falschen Schlüssen kommt, erkennt sie dies nicht. Sie kann nur Antworten auf die spezifischen Fragen geben, für die sie programmiert wurde.

Beim täglichen Surfen im Internet wird die uns angezeigte Werbung von künstlichen Intelligenzen ausgewählt, die versuchen, das für uns attraktivste Produkt auszuspielen, basierend auf unseren Interessen und Aktivitäten. Diese sogenannten „Recommondation Systems" begegnen uns überall online:

Amazon, Google, Netflix, Facebook. Sie sind ein sehr mächtiges System, denn immer mehr Medien buhlen um unsere Aufmerksamkeit, es gibt online mehr zu entdecken, als wir jemals im Leben wahrnehmen können. Computer müssen daher für uns eine Vorauswahl treffen – und KIs lernen mit der Zeit, uns immer besser und besser zu verstehen und unsere Vorlieben (gegen uns) auszuspielen.

Ja auch **Google** setzt seit vielen Jahren KI ein. Die Technologie reicht allerdings an die von Ezoic verwandte ausgefeilschte Handhabung noch nicht heran. Google und Ezoic sind übrigens keine Konkurrenten. Sie arbeiten in vielen Bereichen zusammen.

Auch abseits der Online-Welt ziehen KIs in unseren Alltag ein. Staubsaugerroboter reinigen unsere Böden und nutzen Algorithmen, um ihre Umgebung zu erkennen.Navigationssysteme finden den optimalen Weg. Den größten Fortschritt machen im Moment autonome Fahrzeuge, die Millionen von Test-Kilometern auf Straßen sammeln - auch wenn sie noch Jahre von einem breiten Einsatz entfernt sind. Immerhin hat Mercedes 2021 eine Modellzulassung für autonomes Fahren auf der Autobahn bis 60 km/h erhalten und ist damit der erste Hersteller, der Level 3 von 5 auf der Skala autonomen Fahrens erreicht hat.

Die Wahrheit liegt irgendwo in der Mitte. Die KI wird zweifellos Arbeitskraft vom Menschen übernehmen, und wenn sie es tut, dann vollumfänglich – das heißt, für diese eine spezielle Aufgabe wird kein Mensch mehr nötig sein. Das sind meistens Aufgaben, deren Spaßfaktor eher gering ist, ihrer Art nach monoton und repetitiv: Überwachungsvideos anschauen, am Telefon Standardanfragen beantworten, Dokumente durchsuchen.

In vielen Gebieten wird die KI aber auf absehbare Zeit hinaus eher eine Assistenzrolle übernehmen. Sie werden Ärztinnen und Ärzte unterstützen, zu den richtigen Schlüssen zu kommen oder Teil einer Arbeitskette sein - zum Beispiel auf dem Acker, wo Landwirtschaftsroboter Teilaufgaben autonom oder teilautonom übernehmen können, während andere Aufgaben weiterhin vom Menschen ausgeführt werden.

KI werden Aufgaben von Menschen übernehmen, gleichzeitig aber auch neue Geschäftsfelder und damit Arbeitsplätze schaffen

KI können die Daten nicht verstehen, werden sie mit fehlerhaften Daten gefüttert, liefern sie fehlerhafte Ergebnisse

Im Zuge der industriellen Revolution wurde durch die Erfindung der Dampfmaschine die Muskelkraft von der Maschine ersetzt (PS durch Watt). Durch die digitale Revolution könnte die menschliche Denkleistung durch maschinelle KI ersetzt werden

Und selbst wenn es gelänge, ergäben sich viele ethische Fragen: Welche Entscheidungen kann man einer künstlichen Intelligenz überlassen, die über keine Moral und kein Bewusstsein für Recht, Unrecht und vor allem für Zwischentöne besitzt?

# Maschinelles Lernen

**Machine Learning** (ML) ist einer der wesentlichen Teilbereiche von KI. Der Grundgedanke von ML besteht darin, dass ein Computerprogramm seine Performance in einem bestimmten Bereich durch eigene Erfahrungen (Daten) verbessern können soll. Der entscheidende Vorteil hierbei: Programmierer müssen sich nicht mehr die Finger an den tausenden Zeilen Code wund schreiben, die ohne ML für die ständig neue Programmierung von KMI notwendig wären. Stattdessen sorgen mathematische Algorithmen dafür, dass das Programm neue Daten automatisch verarbeiten und aus ihnen lernen kann.

# Los, Start – Durchstarten

### Reset mit Volldampf und neuen Ideen

„Das innovative maschinelle Lernen bietet Publishern eine hervorragende Möglichkeit, die Werbeeinnahmen auf ihren Websites zu maximieren, und hilft Publishern, intelligente Entscheidungen zur Skalierung des Website-Wachstums zu treffen."

So die einleitenden Worte auf der US-Seite. Es sollen tolle Steigerungsraten von 50 % bis 100 % der bisherigen Einnahmen möglich sein.

**Heute nach 8 Monaten Testzeit kann ich das nur bestätigen. Die Einnahmen übertrafen sogar in einigen Monaten das gegebene Versprechen.**

Als Vergleich hatte ich für 4 Monate zu 50% das GoogleAdsense parallel mitlaufen lassen, um die Ergebnisse zu vergleichen und kontrollieren zu können.

Das neue Plattform Programm ist ein Renner und hat meine Erwartungen besser als gedacht erfüllt. Es waren also keine leeren Versprechungen um das Hauptziel „Mehr Verdienst im Internet" zu erreichen. Nun blieben auch noch neben den Auslagen einige Hundert Euros für die Recherchen und die Arbeit insgesamt übrig.

Ich führe jetzt keine Beträge an, da sich andere Homepages von der Struktur und der Anzahl der Leser und Interessanten von meiner unterscheiden.

Aber es funktioniert besser und einfacher als erwartet. Das

Programm arbeitet nach der erstmaligen Konfiguration völlig automatisch und selbstständig.

Wie stolz war ich täglich die Zahlen der Seitenaufrufe und Einnahmen auf den mitgelieferten Statistiken zu erfahren. Teilweise in Echtzeit und die Einnahmeseite mit den abgerechneten Werten mit einem Tag Verzögerung bis zum Abend des nächsten Tages.

**Ein stetiges Wachstum und welche Freude nach langem Stillstand und schon etwas Letargie.**

Das war das erfreuliche Ergebnis, doch was musste ich machen um überhaupt zu diesem Programm aufgenommen zu werden und die Startkonfiguration einzurichten. Simon – ihr erinnert euch an den Mailschreiber, stellte eine **Videokonferenz** mit einem Kompetenzteam dieser Firma mit Zweigstelle in London her. In Deutschland und den benachbarten deutschsprachigen Ländern, gibt es noch keine ständige Vertretung.

Zwei nette Damen erklärten mir in deutsch die Funktionsweise des Programms und richteten mit mir gemeinsam über den PC die nötigen Stellschrauben ein.

## Jetzt fehlt noch die richtige Verbindung

Bestimmt hast du bemerkt, dass bisher der Name dieser Firma von mir nur beiläufig erwähnt wurde. Es ist auch ein **Geheimtipp** und der **Schlüssel zum Erfolg** mit dem ich vorsichtig umgehe. Lange habe ich mir überlegt ob ich in Buchform darüber überhaupt schreiben soll. Aber Erfolge und den Weg dahin kann man auch teilen.

Und hier der Einstiegslink in deutscher Sprache:

- https://www.ezoic.com/de-lang/?tap_a=96832-7fe052&tap_s=2797340-830e85

Ein großer Unterschied zwischen Anbietern wie z.B. Google AdSense ist, dass hier Umsätze schon durch Impressionen generiert werden. D.h. es ist völlig unerheblich, ob der Besucher auf eine Anzeige klickt oder nicht.

Dies macht das System richtig interessant im Vergleich zu klickbasierter Monetarisierung. Das bedeutet auch, dass die Anzeigen theoretisch nicht 100% kontextsensitiv sein müssen, um möglichst viel Umsatz zu generieren. Am Anfang muss das System lernen und schaltet für meinen Geschmack besonders viele Anzeigen.

Bei empfindlichen Lesern kann das ein Erstaunen und Verärgerung auslösen. Nach 2 bis 3 Tagen scheint das Programm den Grundtenor gefunden zu haben und die Anzeigenwut geht auf das normale Adsense Niveau zurück. Also nicht wundern und auf keinen Fall an der Grundeinstellung etwas ändern.

Hervorheben muss ich den sehr guten **Support** nach Lösung eines Tickets. Der Support reagiert innerhalb weniger Stunden und erfolgt aus England oder den USA auf Englisch. Alle Fragen und Anfangsprobleme wurden fachmännisch beantwortet und größtenteils auch gelöst. In Zukunft soll auch eine deutschsprachige (Schweizerin) auf deutsch die Fragen beantworten.

Ezoic verlangt in der Grundstruktur keine Gebühren oder Lizenzabgaben. Allerdings werden die Einnahmen von einer auf deiner Website platzierten Anzeige abgezweigt und fließen der Firma zu. So wird es zumindest erklärt. Wie ich beobachten kann macht das im Monat ungefähr 10 % meines Umsatzes aus.

Abgerechnet wird über **US-Dollar** und bedeutet im Moment (August 2022) einen Umrechnungskurs von fast 1:1 zum Euro. Für die Überweisung auf mein Konto verlangt die Bank offiziell 0,15 % für Währungsumrechnung (Payoneer) 3,00 Euro werden tatsächlich abgezogen . Es stehen drei Zahlungsarten wie Payoneer, Paypal oder per Scheck zur Verfügung.

Ausbezahlt werden immer die Einnahmen des Vormonat, wenn sie 20 Dollar erreichen, bis zum 30. des Folgemonats. Als mit 30 Tagen Verzögerung. Die Überweisungen erfolgen bislang pünktlich nach Mail Vorankündigung.

**Mein Tipp:** Erstelle dir unbedingt ein **Payoneer-Konto**. Die Gebühren sind bei Payoneer deutlich günstiger als bei Paypal. Paypal berechnet bei internationalen Geldtransfers horrende Gebühren. Von deinem Payoneer-Konto kannst du die Einnahmen von Ezoic ganz einfach auf dein deutsches oder spanisches Bankkonto überweisen lassen.

**Wäre noch zu klären, was überhaupt EZOIC als Firmenname bedeutet.** Nach eigenen Angaben ist es ein Fantasiename, der sich etwas abheben sollte.

„Ezoic bedeutet 'elektronisches Zeitalter' ('e' wie in E-Mail / 'zoic' wie in Alter - wie Paläozoikum). Wir mögen es, einzigartig zu sein und einen ungewöhnlichen Namen zu haben - das macht es uns leicht, online gefunden zu werden".

In den folgenden Kapiteln werden wir nun alle Einzelheiten durchgehen.

# Einstiegshilfe zum Ezoic Programm

## Zunächst einige Faustregeln zum Einsatz

* **Grundsätzlich lohnt sich die Teilnahme bei Ezoic nur für Webseiten mit mehr als 10.000 Besuchern im Monat.**

Durch den Einsatz von **künstlicher Intelligenz** kann das Programm erst bei entsprechend vielen Seitenaufrufen seine Vorteile richtig ausspielen.

Mehrere Forschungsberichte geben der KI (Künstliche Intelligenz) in weniger als fünf Jahren die Oberhand und prognostizieren, dass Vertriebsprozesse, Anwendungen oder Analysen den B2B Vertrieb ersetzen

KI-gestützte Lösungen können in jedes CRM System integriert werden und könnten schon jetzt den entscheidenden Faktor für die erfolgreiche Skalierung des digitalen SaaS-Vertriebs darstellen.

KI-gestützte Verkaufssoftware, auch AI Guided Selling Software genannt, hilft Teams, im immer komplexer werdenden Vertriebsalltag die richtigen Entscheidungen zu treffen.

Soviel zum technischen Hintergrund dieser Software. Es wäre doch dumm länger abzuwarten, bis alle auf AI umgestellt haben. Jetzt hast du die kostenlose Möglichkeit sofort in dieses zukünftige System einzusteigen, auch wenn es im Moment noch einige Kinderkrankheiten hat.

- **Verwende keine oder nur wenige Plugins oder Widgets**

Fast jedes Plugin (kleine Programme) macht im Lauf der Zeit Probleme. Auch wenn es am Anfang zu funktionieren scheint, kann dies nach der nächsten Aktualisierung deine Seite zum Absturz bringen und über Tage keine Einnahmen regenerieren.

Auch mit hausgemachten Wordpress-Plugins, wie **Jetpack** von Automattic, der auch Wordpress betreibt, habe ich schon den totalen Crash erlebt.

Es sind vor allem Anwendungen der Komprimierung, Cache, Optimierung oder das vielgepriesene und kostenpflichtige **Rocket** Plugin das sich mit KI nicht verträgt. Auch andere Kommentarsysteme wie **Disqus** oder **wpDiscuz** mit allen möglichen zusätzlichen Spielereien nicht installieren, du ersparst dir viel Ärger. Das hatte ich bereits in vorhergehenden Kapiteln erwähnt.

Auch lastige Plugins wie **TablePress** machen deine Seite nur langsamer und erschweren das Ranking. Empfehlen möchte ich dir nur **Yoast SEO** zur SEO Optimierung und erstellen der XML-Sitemaps und zur Spamabwehr das **Akismet Anti-Spam**. Es filtert alle Spam Kommentare aus und eliminiert sie. Gesparte Zeit um auf echte Kommentare zu antworten.

Bleibe bei der Grundstruktur von Wordpress und deiner Theme Vorlage. Es reicht völlig aus. Auch bringt das Ezoic System eine Reihe von Helferlein wie die Cookie Verwaltung automatisch mit. Diese sind auf KI und Ezocic abgestimmt und laufen problemlos.

# Der Anmeldeprozess

## So lass uns starten.

Du kannst jeder Zeit dich von diesem Programm wieder abmelden und es nur zu Testzwecken benutzen.

Sobald du dich auf auf der Ezoic Plattform

https://ezoic.com/?tap_a=6182-5778c2&tap_s=2797340-830e85

eingeloggt hast siehst du folgende Startseite.

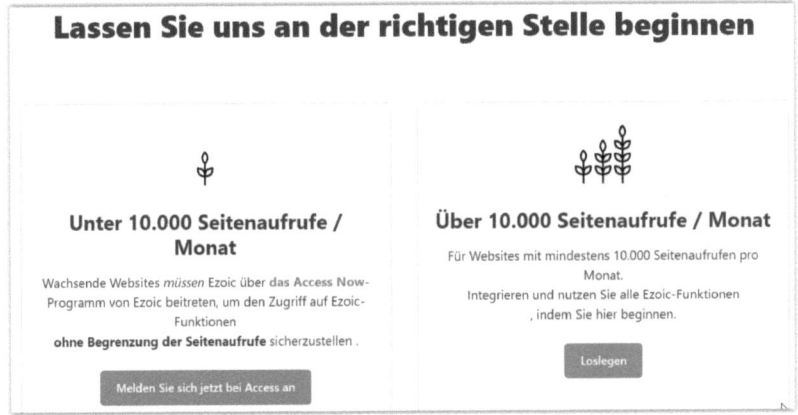

Unterschieden wird zunächst wie viel Seitenaufrufe deine Seite pro Monat hat und auf welchem Level du startest. Die Daten werden während des Aufnahmevorgangs bei GoogleAnalytics überprüft.

Webseiten unter 10.000 Seitenaufrufen/Monat haben zunächst nur einen begrenzten Zugriff auf Funktionen und befinden sich im „Anwärter" Status.

Jetzt braucht Ezoic deine Mail Adresse. Hier bekommst du im Gegenzug deine Accountinformationen. Im Anschluss wird damit begonnen, das Dashboard anzupassen.

So oder ähnlich sieht nachher die Dashboard aus. Um die Einrichtung abzuschließen gibt es zu jedem Schritt ausführliche Erläuterungen. Wer WordPress benutzt, kann durch die Verwendung des Ezoic Plugins noch einfacher starten.

Bei den **Einstellungen** (Grafik) bin ich bei Desktop, Tablet und Mobil auf 95 % Ezoic Zuschaltung gegangen. 5 % verbleiben für GoogleAdsense.

Am Anfang kann das Verhältnis auch 50:50 % verbleiben, um eine vage Kontrollmöglichkeit zwischen Ezoic und Google zu haben. Das wirklich interessante daran ist, dass ich parallel Ezoic und AdSense laufen lassen kann. Über einfache Regler im Dashboard von Ezoic lässt sich das steuern und beide Systeme liefern parallel.

Im Grunde ist es allerdings nicht nötig hier für eine gewisse

Zeit auf die zusätzlichen Einnahmen von Ezocic zu verzichten.

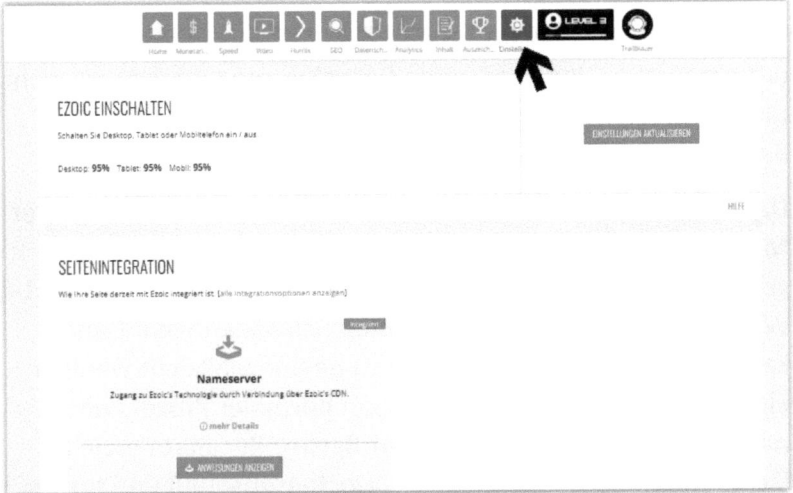

Die Seitenintegration muss über den bisher benutzten Server erfolgen. Läuft deine Seite auf der WordPress-Plattform? Wenn ja, dann ist das Ezoic **Integration Wordpress Plugin** die einfachste Methode, deine Seite mit Ezoic zu verbinden und zu integrieren. Dazu müssen die Zugänge im Namensserver geändert werden. Hier gibt es aber eine gute Ezoic Anleitung die dann eingespielt wird.

Sind alle Einstellungen getätigt, kann es noch einige Tage dauern bis auch Google seine Zustimmung gibt. Umsatzstärke ältere Seiten werden nach 1-2 Tagen freigeschaltet. Bei jüngeren Seiten kann es auch bis zu 2 Wochen dauern.

# Wichtige Startinformationen

**Die Tests benötigten Daten und Zeit.** Das System braucht Zeit um herauszufinden, was deine Besucher mögen und was nicht und das entsprechend deines Umsatzes und Benutzererfahrungen anzupassen.

Das System muss z.b. lernen wie ein "normaler" Sonntag oder Mittwoch aussieht. Es werden Anzeigen-Kombinationen getestet, die besser aber auch schlechter laufen. Die ersten 1-2 Wochen ist die Zeit mit den größten Schwankungen. Daher kann es auch passieren, dass du zu Beginn vielleicht weniger Einnahmen erzielst. Das ist aber ein normaler Prozess und nach einigen Wochen wirst du großartige Resultate erzielen. Daher musst du mindestens 4-6 Wochen zusehen und testen.

Du hast die Kontrolle. Du kannst die Tests mit Ezoic jederzeit in deinem Benutzerkonto stoppen oder den Traffic ändern. Das System arbeitet am besten, wenn du erlaubst alles zu testen, aber du bestimmst die Parameter.

**Im Speziellen kannst du folgendes wählen:**

- Platzierungen und Größen der Anzeigen, die du testen möchtest.

- Anzahl der Anzeigen, die geschaltet werden sollen.

- Ziele, die du mit dem Test erreichen möchtest (Fokus auf Benutzererfahrung, Umsatz etc.)

# Die ertragreichste Anzeige gewinnt

Das schlaue Programm lässt deine eigenen Werbenetzwerk-Partner mit Ezoic-Traffic gegen die Ad-Partner von Google Ad Exchange und Ezoic für das Anzeigen-Inventar auf deiner Webseite konkurrieren.
**Wer am meisten zahlt, gewinnt die Impression und du erhältst die höchstmögliche Summe.**
Um die App zu nutzen, muss Adsense mit deinem Ezoic-Konto verknüpft sein. Du bekommst dann auch einen direkten Vergleich zwischen Adsense (originalen Seite) und der Ezoic Version im Ezoic-Konto.

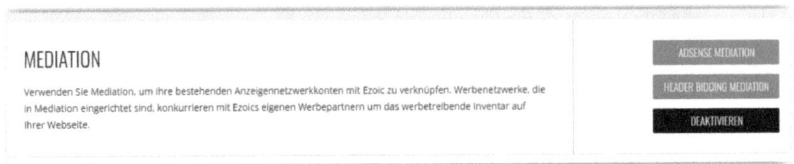

Das ganze nennt sich „MEDIATION" und ist unter dem Monetisierung-Button auf dem Dashboard zu finden.

„Wir haben in der Zwischenzeit noch ein paar Optimierungen vorgenommen und alles notwendige für die Monetarisierung vorbereitet. Außerdem haben wir die Grundfunktionen von unserem Tool "Leap" aktiviert, damit die Anzeigenschaltung keinen negativen Einfluss auf die Geschwindigkeit deiner Webseite hat.
Jetzt musst du nur noch 2 kurze Schritte im WordPress Plugin von Ezoic erledigen. Du findest das Einstellungsmenü in deinem WordPress Dashboard links unter "Einstellungen" ->

Ezoic.

Grundsätzlich nimmt das System den Publisher aber immer mehr an die Hand, hilft bei automatisierter Monetarisierung und versucht den Blick für SEO und datenschutzrechtlich relevante Themen zu behalten. Selbst am ungeliebten Cookie Consent wird weitergearbeitet, so dass mehr Rechtssicherheit gewährleistet wird beim Einsatz von Anzeigen-Werbung.

# Künstliche Intelligenz und Daten- schutz

Seit einigen Jahren müssen wir uns auch mit dem Datenschutz und der Verarbeitung der persönlichen Daten der Nutzer beschäftigen. Dabei möchte ich mich auf die Regeln für den EU-Raum konzentrieren.

## Was ist die DSGVO?

Am 25. Mai 2018 trat eine neue europäische Datenschutz- Grundverordnung in allen EU-Mitgliedsstaaten in Kraft und gilt für jede Organisation, die personenbezogene Daten von EU- Bürgern verarbeitet, speichert, auf sie zugreift oder sie hostet, unabhängig vom physischen Standort der Organisation. Die DSGVO wurde entwickelt, um die Datenschutzgesetze in ganz Europa zu koordinieren und den Datenbestand der EU-Bürger zu schützen. Google verweist Publisher für weitere Informationen hierher: https://www.cookiechoices.org/

### Ezoic und DSGVO: Was muss ich wissen?

Publisher, die PII (Personally Identifiable Information) sammeln und speichern, müssen ihre Nutzer darüber informieren, dass sie gesammelt werden, und sie müssen den Nutzern die Möglichkeit geben, diese Informationen zu entfernen ("Opt-out"), wenn sie dies wünschen. Zusätzlich wird Google über AdSense eine nicht zielgerichtete Anzeigenmonetarisierungsoption anbieten.

# Wie hat sich Ezoic auf die DSGVO vorbereitet?

Ab dem 25. Mai 2018 ist Ezoic vollständig mit der DSGVO konform.

- **Ezoic verschlüsselt IP-Adressen**

- **Ezoic bietet den Nutzern die Möglichkeit, das Tracking der von Ihnen besuchten Seiten zu entfernen.**

- **Ezoic bietet Publishern die Möglichkeit, ihre Benachrichtigungen zum Sammeln von Cookies zu aktualisieren.**

Die modale Eingabeaufforderung wird nur für Nutzer mit Wohnsitz in der EU angezeigt. Mithilfe von IPs und deren Verknüpfung mit geografischen Standorten wird der Standort des Nutzers ermittelt, und wenn er sich innerhalb der EU befindet, wird ihm die modale Eingabeaufforderung angezeigt.

Wenn er sich nicht in der EU befindet, wird ihm die modale Aufforderung nicht angezeigt.

Auf jeder Eröffnungsseite erscheint ein Hinweis der so aussieht.

Hier hat der Nutzer die Möglichkeit zuzustimmen oder Cookies abzuwählen.

Ezoic hat eine Consent Management App entwickelt, um Sie bei der Einhaltung von Richtlinien und der Verwaltung deiner Nutzer-Cookie-Zustimmung zu unterstützen oder eine eigene Consent Management Plattform mit Ezoic arbeiten zu lassen. Damit sollten alle Cookie Anforderungen der EU erfüllt sein.

Die Nutzung der Cookie App ist für alle Ezoic Mitglieder kostenfrei.

Nicht vergessen noch ein Impressum und die Datenschutz Regeln einzubauen und zu verlinken. Hierzu gibt es verschiedene Vorlagen und Generatoren.

Zu finden unter: https://datenschutz-generator.de/

oder unter:

https://www.e-recht24.de/muster-datenschutzerklaerung.html

**Rechtliche Angelegenheiten wie immer ohne Gewähr.** Bei Fragen oder Zweifel ist ein Rechtsanwalt die richtige Anlaufstelle.

# Etwas Timeline braucht das System

Um perfekt arbeiten zu können, braucht die künstliche Intelligenz (KI) eine Zeit-Periode zum lernen und erkunden.

Ein normales "Muster" der Optimierung für eine Seite im Ezoic-System beträgt 12 Wochen. Danach werden Verbesserungen produziert, während das System neue Layouts testet und intelligenter wird, was Ihren Nutzern am besten gefällt. Was auf einer Seite vielleicht wunderbar funktioniert, funktioniert vielleicht nicht für Ihre Nutzer, also müssen wir testen und herausfinden – so Ezoic.

Wie bei allen wissenschaftlichen Tests sind wir durch die Anforderung eingeschränkt, dass wir genügend Daten benötigen, um statistisch relevante Entscheidungen treffen zu können.

- Zwar sehen wir Aufschwünge in erstaunlich kurzer Zeit, doch geschieht dies normalerweise nicht über Nacht.

- Je mehr Besucher getestet werden und je länger die Testphase dauert, desto größer ist die Wahrscheinlichkeit eines langfristigen Erfolgs.

Während der 1. bis 3. Woche dieser Zeitspanne sammelt Ezoic Daten über Ihre Seite und die Durchführung mehrerer größerer Layoutänderungen.

Die Leistung während dieses Zeitraums liegt normalerweise irgendwo im Rahmen der Leistung Ihrer alten Webseite. Häufig wirst du in diesem Zeitraum eine leichte Verbesserung feststellen.

In der 4. bis 12. Woche hat das System ein wenig über deine Webseite und ihre Besucher gelernt, aber es weiß immer noch nicht ganz so viel, wie es nötig wäre. Wenn Ezoic erst einmal ein wenig mehr gelernt hat, wirst du oft eine deutliche Verbesserung der Ergebnisse sehen, gefolgt von 6-8 Wochen stetiger Verbesserung.

# Perfektion ab der 12. Woche

Die Ezoic-Plattform ist immer auf dem Prüfstand und lernt immer dazu. Die meisten Webseiten sehen eine allmähliche Verbesserung von Monat zu Monat für die Ewigkeit. Sie kommen in den Genuss kontinuierlicher Tests und der Verbesserungen, die ein ganzes Team von Ingenieuren und Datenwissenschaftlern jeden Monat liefert. Sie sollten sich mental darauf vorbereiten, Ezoic mindestens 12 Wochen Zeit zu geben, um sein volles Potenzial zu demonstrieren.

Wir beschleunigen den Prozess so weit wie möglich durch statistische Clusterung usw., aber wir sind der Mathematik insofern ausgeliefert, als die Variation der Ergebnisse bei kleineren Datenproben zu groß ist. Aus diesem Grund haben wir in einer Analyse früherer Publisher festgestellt, dass der Faktor Nummer eins für den Erfolg oder Misserfolg einer Seite auf der Ezoic-Plattform die Zeit ist - je weniger Zeit dem System zur Verfügung steht, um ein Ergebnis zu erzielen, desto geringer ist die Erfolgswahrscheinlichkeit.

## Optimierung im Laufe der Zeit

Ezoic testet weiterhin andere gut funktionierende Varianten

gegen die leistungsstärkste Variante, um sicherzustellen, dass sie die beste bleibt, wie vom Nutzerverhalten bestimmt. Die Tests werden also fortgesetzt, wenn auch in einer nuancierteren Art und Weise, um Lehren aus anderen Seiten einzubeziehen und neue Plattformtechnologien, Geräte usw. zu berücksichtigen. In dieser Phase sieht die Mehrheit der Nutzer das "beste" Layout und ein kleinerer Teil des Traffics wird auf andere Varianten gelenkt. Es ist ein Prozess der kontinuierlichen, systematischen Verbessesserung.

Über einen Zeitraum von über 8 Monaten kann ich die Verbesserungen beobachten und bestätigen. Mit jedem neuen Beitrag muss das System dazu lernen. Erst nach 1-2 Tagen Verzögerung springt der Nutzerteil in die Höhe. Was die KI dabei verbessert um ein besseres Ranking zu erreichen und mehr Interessenten anzulocken, kann ich nicht beurteilen.

Es sind teilweise tägliche Sprünge von mehr als 1500 Lesern nach oben und an den Folgetagen auch wieder nach unten. Besonders gute Beiträge bleiben auch mal 4 Tage an der Spitze.

Der Rhythmus neue Artikel einzustellen musste ich dadurch verändern. Waren es bisher 2 bis 3 Artikel wöchentlich, passe ich mich jetzt mehr der Statistik an.

Die Echtzeitstatistik von Ezoic in Verbindung mit Google-Analytik liefert brauchbare Daten. Es ist also nicht so, das KI sich mir anpasst, sondern ich auf die Bedürfnisse und Zeichen des Systems reagieren und folgen sollte.

# Die Statistik und Analytik gibt das Tempo vor

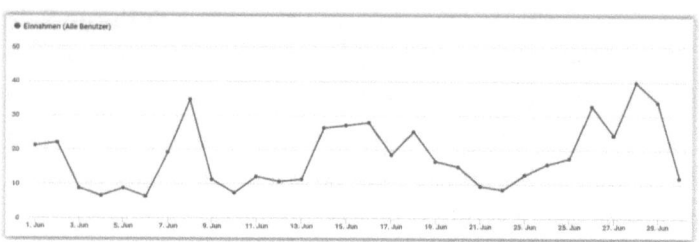

Wenn wir uns die Einnahmekurven vom Monat Juni 2022 anschauen, sehen wir das ständige auf und ab. Es spiegelt auch die Anzahl der Leser und die Qualität der geschalteten Werbeanzeigen.

Ausruhen und keine neuen Beiträge bringt auch keine neuen oder alten Leser und hält die Einnahmen auf flachem Stand. Es ist also nicht so, das ein vor 2-Wochen noch spannender Artikel heute einen Leser hinter dem Ofen vor locken könnte. Meine Webseite ist auf NEWS und AKTUELLES ausgerichtet und fast alle alten Artikel Schnee von gestern.

Bei einem aufbauenden Kurs für Blumenzüchter oder einer Anleitung in Serie für den Bau eines eigenen Windrades mag die Bilanz ganz anders aussehen. Hier muss ich auf frühere Beiträge zurückgreifen um die Logik und den Aufbau zu verstehen und das Objekt nachbauen zu können. Das sollte unbedingt bei der Themenauswahl und dem Aufbau einer Webseite im voraus bedacht werden.

# LEAP Optimierer

Leap wurde entwickelt, um Publishern dabei zu helfen, Core Web Vitals und bessere Performance-Metriken für ihre Webseiten zu erhalten. Während frühere Geschwindigkeitstechnologien von Ezoic sich auf Funktionen konzentrierten, die Webseiten schnelle Ladezeiten und Scores ermöglichten, stellten wir fest, dass Webseiten genauso dringend Orientierung, Einblicke und Hilfe bei der Umsetzung von Maßnahmen benötigten wie diese Funktionen.

**Leap** findest du in deinem Dashboard unter dem Button „SPEED" (Pfeil).

Leap ist ein komplettes Toolset, das die Ursachen für schlechte Performance-Metriken und Ladezeiten ermittelt und sowohl die Technologie als auch die Informationen zur Verbesserung bereitstellt. Leap wird es Webseiten ermöglichen, ihre Geschwindigkeiten und Technologien mit schnellen Webseiten zu vergleichen, die Ezoic nutzen, und wird Daten über alles von

Hosts bis zu CMS-Technologien bereitstellen, die es Webseiten ermöglichen, potenziell schnellere Alternativen zu identifizieren.

Leap ist ein Toolset, das dir hilft, die Leistung deiner Webseite zu verbessern, indem es hilft, die Ursachen für eine verminderte Leistung zu finden und automatische Lösungen für viele der häufigsten Probleme bereitstellt.

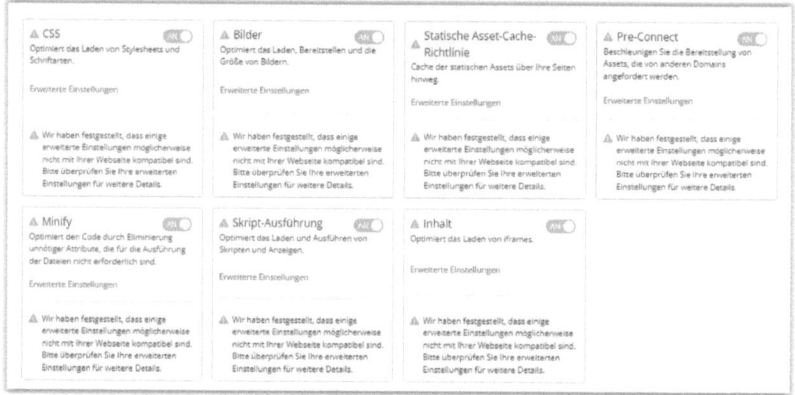

In den meisten Fällen bedeutet Leap, dass aus weniger mehr gemacht wird.

WordPress Webseiten haben sich daran gewöhnt, Plugins und Host-Einstellungen zu verwenden, um die Ladezeiten zu verbessern. Leap bietet eine weitaus universellere und ausgefeiltere Lösung, die in der Regel bedeutet, dass man auf Plugins und unnötige Technik/Funktionen verzichten kann.

Ezioc rät den meisten Webseiten, die WordPress verwenden, alle Caching-Funktionen bei CDNs und Hosts zu deaktivieren, Caching- oder Geschwindigkeitsoptimierungs-Plugins zu deaktivieren und dafür zu sorgen, dass keine Minifying-, Lazy-

Loading- oder Deffering-Funktionen im Theme der Webseite enthalten sind.

Webseiten können auch Geld sparen, indem sie Plugins zur Bildoptimierung deaktivieren, denn Leap kann das auch, nur besser!

Die Grundeinstellung nimmt (meist) bereits das Ezoic Team vor. Selbst möglichst nicht daran herum spielen. Am besten funktioniert es, wenn möglichst keine fremden oder Wordpress Plugin installiert sind. Das hatte ich aber bereits mehrfach erwähnt. So kommt es zu keinen Konflikten.

Unter Ezoic-Lap kann das Ergebnis getestet und nötige Änderungen durchgeführt werden.

## Die Einstellungen im einzelnen

Auf der Registerkarte "Übersicht" erhältst du eine grundlegende Zusammenfassung der Leistung deiner Seite und Empfehlungen, wie du die Leistung deiner Seite verbessern kannst.

Das Leaderboard zeigt die Top-Seiten basierend auf der Leistung und wo deine Seite im Vergleich zu allen anderen Seiten rankt (wenn du das Ranking nicht sehen kannst, musst du dem Leaderboard beitreten, indem du auf den Button "Leaderboard beitreten" in der oberen rechten Ecke der Leap-Seite klickst).

Für einen detaillierteren Blick auf das Leaderboard kannst du auf die Registerkarte Leaderboard gehen. Hier können alle Seiten, die Leap verwenden, in der Reihenfolge ihres Rankings eingesehen werden.

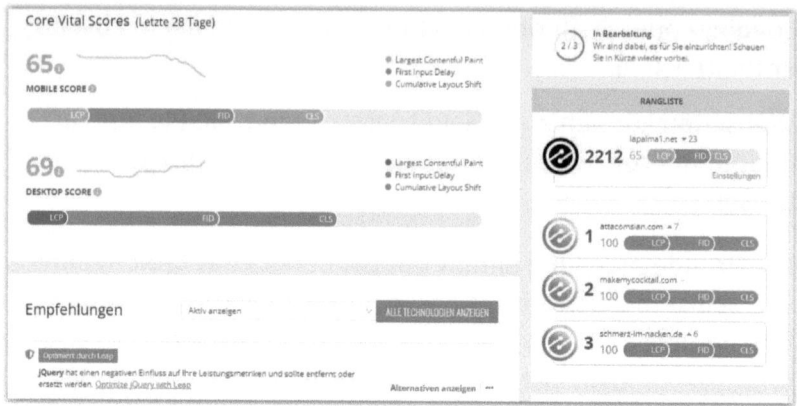

Du kannst auch weitere Details über den Host, das CMS, das CDN und die Ezoic-Integrationsmethode der schnellsten Seiten sehen sowie die Option, zu überprüfen, welche Ezoic-Features und -Technologien du verwendest und welche Leap-Einstellungen konfiguriert sind.

Mit der Option "Ihre Einstellungen ausprobieren" kannst du die Leap-Einstellungen, die du konfiguriert hast, auf deiner eigenen Seite testen, um zu sehen, ob du deine eigene Leistung verbessern kannst. Dies ist eine großartige Funktion, die es der Community ermöglicht, die Leistung von Seiten auf Ezoic zu verbessern.

# Videos mit Werbung einbinden

Über den **Button Video** lassen sich in die Homepage auch eigene Videos über den Ezoic-Player einbetten. Statistiken zeigen, dass der Normalbürger jede Woche 6,8 Stunden Videoinhalte online ansieht, was einem Anstieg von 59 Prozent gegenüber 2018 entspricht.

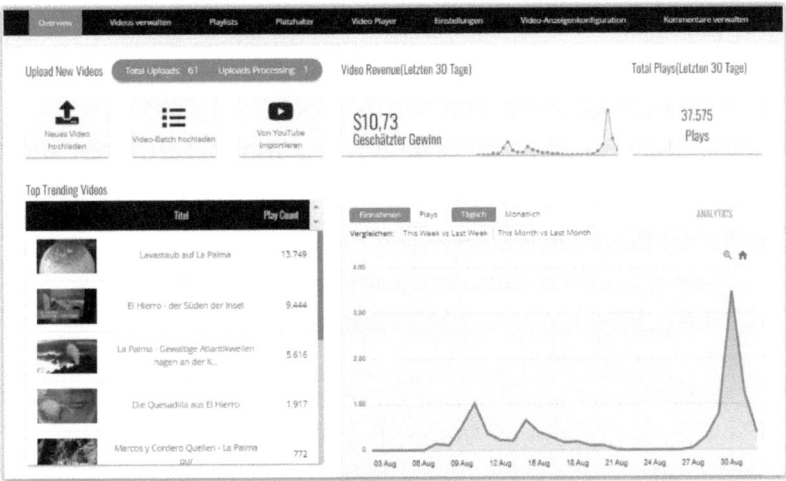

Videos werden eingeblendet, wenn das Programm einen Mehrwert für den Leser vermutet. Alle Rechte müssen beim Homepage Betreiber liegen. Durch Werbeeinblendungen wird das Video monetisiert.

Wichtig ist, dass Ezoic-Videos in **Google gerankt** werden - sowohl in der Videosuche als auch in der vereinheitlichten Suche.

129

Dies erhöht den Traffic auf deiner Seite und hat das Potenzial, andere organische Rankings zu unterstützen.

Wenn du auf deiner Webseite YouTube-Einbettungen für die Videos hinzufügst, dann werden Nutzer in der Google-Suche statt zu YouTube zu deiner Webseite geleitet. Dies schränkt den Nutzer ein, sich mit zusätzlichen Inhalten deiner Webseite zu beschäftigen, ihm die Artikelinhalte zu zeigen, die zu der Seite gehören, auf der das Video angezeigt wird, deine eigenen Videoanzeigen zu zeigen und deine eigenen Display-Anzeigen zu zeigen.

Der größte Nachteil beim Hosten all Ihrer Videoinhalte auf YouTube ist zweifellos, dass YouTube die Macht hat, den Inhalte ohne Angabe von Gründen zu entmonetarisieren, und oft ist es extrem schwierig, diese Entscheidung zu bekämpfen.

Derzeit ist der Ezoic Video Player die BESTE YouTube-Alternative für Publisher, da du keine Anforderungen wie auf YouTube erfüllen musst (1000 Abonnenten und 4.000 Wiedergabestunden).
Mit Ezoic Video Player kannst du sofort mit der Monetarisierung deiner Videos beginnen und zusätzliche Einnahmen für die Website erzielen.

# Meine ersten Versuche

Ich habe versuchsweise *15 eigene YouTube Videos* über den Ezoic-Player importiert. Das geht recht flux und kann in einem Pack (je max. 10 Videos) erfolgen. Nachdem sich die Videos hochgeladen haben, muss noch eine Playliste (Gruppe) oder auch zwei Listen angelegt werden.

# Welche Arten von Videos kann ich hochladen

**Jede Art von Video:** Eine Diashow mit oder ohne Musik, ein komplettes Video mit deinem Konterfei vor der Kamera, Reportagen etc... alles natürlich im Rahmen der Google Richtlinien.

Jedes Video bekommt dann eine Beschreibung und mehrere Keywords und noch einen Link verpasst.

Über den Platzhalter kann jedes hochgeladener Video, auf

einfache Weise zu jeder Seite hinzugefügt werden, die Größe oder Position eines vorhandenen Videos verändert oder ein Video durch ein anderes ersetzt werden.

Erstelle einfach einen Platzhalter mit der Ezoic Chrome-Extension, wählen ein Video aus, das im Platzhalter angezeigt werden soll, und Ezoic erledigt den Rest!

Dazu musst du dich allerdings bei Wordpress ausloggen oder es über eine anonyme Seite versuchen.

Hier bin ich noch in der Experimentierphase und versuche verschiedene Möglichkeiten auszuprobieren. Das Video Tool ist noch relativ neu und es gibt sicher einige Verbesserungsmöglichkeiten.

Auch lässt sich die Videoschaltung über einen Knopfdruck automatisieren. Das schlage ich während der Testphase zum Einstieg vor.

Wie die Videoeinblendungen bei den Lesern ankommen, ist noch offen. Solange es themenbezogene und auf die Beiträge angepasste Sequenzen, die eine Ergänzung und Bereicherung darstellen, dürften es keine Beschwerden und Probleme geben.

Die normale Anzeigenschaltung kombiniert mit werbe basierenden Videos muss natürlich in einem passenden Verhältnis stehen. Der Leser und Nutzer will nicht mit Werbung erschlagen werden, sonst ist auf Dauer die Kundschaft verloren.

# Inhalte mit Videos steigern – auch für Anfänger

Obwohl die Zuschauer Videoinhalte in Rekordzahlen konsumieren, ist nicht jeder Ersteller von Inhalten ein geborener Videofilmer.

Das Erstellen, Bearbeiten und Veröffentlichen von Videos sieht schwer und kompliziert aus. Trotzdem brauch man für ein Kurzvideo keine Experten und muss selbst auch kein Profi sein. Auch ich bin Laie und habe doch einige mittelmäßige Videos in den letzten Jahren auf die Reihe gebracht.

Social-Media-Kanäle und Website-Tools haben es einfacher denn je gemacht, Videoinhalte zu erstellen und in Ihre Website einzubinden. Eine der einfachsten Möglichkeiten, dies zu tun, steckt wahrscheinlich gerade in deiner Tasche: Dein Handy!

Jeden Tag verdienen Tausende von sehr beliebten Influencern auf der ganzen Welt zig Millionen durch Aufrufe von ihren

Followern durch einfaches Live-Streaming auf ihrem Smartphone. Viele Social-Media-Apps wie Instagram, TikTok und Facebook ermöglichen eine grundlegende (und sogar fortgeschrittene) Videobearbeitung, aber im Allgemeinen kannst du viele beliebte Videoinhalte einfach über dein Smartphone erstellen.

Einige YouTuber mögen sich vor der Idee scheuen, mehr Videoinhalte zu erstellen. Wieder überlegen und lange Drehbuch- und Probenzeit in Kauf nehmen um die Aufnahme neuer Videos zu üben. Was viele Videoersteller nicht wissen, ist, dass sie bereits ihre Drehbücher geschrieben haben in älteren und verstaubten bereits produzierten Artikeln und Videos.

Gerade die alten Blogbeiträge und Artikel können jetzt als hervorragende Videoskripte dienen. Etwas aufgemotzt und auf den neuesten Stand gebracht, werden sie als brandneue und relevante Beiträge oder Videos ohne großen Aufwand an den Mann gebracht.

Der VIDEO CREATOR von Ezoic ist noch in der Entwicklerstufe. Mit ihm sollen schriftliche Beitrage in ein verständliches Video transformiert werden. Eine nette Spielerei, die aber noch an Übersetzungsproblemen krankt und zur Zeit nicht zu gebrauchen ist.

Daran arbeitet zur Zeit die Techniker und könnten mit Fotos aus dem Artikel und einer verständlichen Sprachoption unter Hilfe der KI ein durchaus interessantes Tool noch entwickeln.

# Was ist Humix?

Jetzt gibt es noch HUMIX und über das Dashboard zu erreichen

Humix ist ein wachsendes globales Videonetzwerk, das es Publishern ermöglicht, den Traffic und den Umsatz mit digitalen Videos zu steigern.

Humix ermöglicht eine noch nie dagewesene Zusammenarbeit zwischen Webseiten und den Urhebern digitaler Videos. Ezoic Publisher können mit Humix Videos hochladen, freigeben oder anzeigen, indem du die Anzeige von Netzwerkvideos auf deiner Webseite aktivierst.

Publisher können auch festlegen, dass die von ihnen hochgeladenen Videos im gesamten Netzwerk freigegeben werden.

Sobald du Humix aktiviert hast, siehst du Hunderte von Videos aus dem Humix-Videonetzwerk. Suchen nach einem Video, das für deinen Artikel relevant ist oder zusätzliche Informationen bietet, und kopiere dann die Video-URL in deinen Artikel (wie beim Einbetten eines YouTube-Videos). Ezoic zeigt Anzeigen auf dem Video an und du erhältst Werbeeinnahmen.

Wenn du als Videoersteller deine Videos auf Ezoic Humix hochladen und zulässt, dass sie geteilt werden, verdienst du 50 % der Einnahmen, die von anderen Publishern generiert werden, die dein Video verwendet haben.

Wenn du keine Zeit hast, Videos zu erstellen, können vorhandene Videos verwendet werden, die von anderen Erstellern hochgeladen wurden. Der Vorteil der Verwendung deiner eigenen Videos besteht darin, dass der Prozentsatz der Werbeeinnahmen höher ist, da du die Einnahmen nicht mit dem Videoersteller teilen musst.

Zu allen Details gibt es eine aufschlussreiche Statistik, die unter Video-Analyse in Humix zu öffnen ist.

Für mich sehe ich fremde Videos nur als Lückenfüller, da die meisten Videos nicht mein Thema behandeln und im Beitrag nicht besonders förderlich sind. Zum Glück können individuell durch Abwahl die Einzelheiten entsprechend eingestellt werden.

# Resümee und Beurteilung

Mich hat das ganze System überzeugt und es hat die erwartete Steigerung der Einnahmen gebracht. In 8 oder 9 Monaten war für mich genügend Zeit die Funktionsweise und den Ablauf ausreichend zu testen.

**Ezoic ist eine seriöse Firma,** die ich bedingungslos weiter empfehlen kann. Hier der Weiterempfehlungslink:

**https://ezoic.com/?tap_a=6182-5778c2&tap_s=2797340-830e85**

**Ezoic ist zertifizierter Google Partner**, allein diese Tatsache lässt Zweifel schwinden. Damit hat Ezoic auch andere Möglichkeiten, die für Konkurrenz Unternehmen vielleicht nicht zur Verfügung stehen.

Es ist schon etwas besonderes an einem neuartigen Netzwerk mit künstlicher Intelligenz mitarbeiten und partizipieren zu können. Das Unternehmen hat noch einige besondere Pfeile im Köcher die noch in der Testphase laufen und in den nächsten Monaten in das Programm bzw. die Dashboard eingebunden werden sollen.

Unter **Trailblazer** (Wegbereiter) werden Programme veröffentlicht, das Webseiten den Zugang zu Produkten, Funktionen oder Plattform-Updates ermöglicht, die sich noch in einer frühen Entwicklungsphase befinden.

Durch die Teilnahme an Trailblazer können Webseiten wählen, welche bestimmten Funktionen oder Programme sie ausprobieren möchten, indem sie durch die verfügbaren Alpha- und Beta-Listen navigieren. Nur einige Beispiele:

# Topic Suggestion

Entdecken in Sekundenschnelle relevante Themen, über die du schreiben könntest!

Neue Themen zu finden, über die man schreiben kann, kann kostspielig und zeitaufwändig sein. Das Identifizieren deiner Konkurrenten, das Durchführen von Gap-Analysen, das Filtern und Ranking potenzieller Themen kann Stunden dauern.

Das neue Tool erledigt diese Schritte für dich und liefert dir das

Endergebnis: relevante und wertvolle Themen, über die du deinen nächsten Artikel schreiben könntest.

Diese Tool scheint noch nicht richtig zu funktionieren. Bei mir hat es bis jetzt noch keine verwertbaren Titel oder Themen vorgeschlagen.

Es wäre auch schlimm, wenn in Zukunft Texte maschinell geschrieben werden. Beiträge sind und bleiben eine individuelle menschliche Handlung und nicht das Werk von künstlichen Gehirnen. Solange es bei Überschriften und Vorschlägen bleibt, mag ich das akzeptieren.

## Ein Ideengenerator

Mit der Unterstützung einer künstlichen Intelligenz kannst du eine bestehende Schreibblockade leicht lösen. Du kannst zum Beispiel mithilfe einer KI eine Liste mit Blogpost-Ideen erstellen. Mit KI vermeidest du Rechtschreib- und Tippfehler, die in von Menschen geschriebenen Texten häufig vorkommen.

Aber Künstliche Intelligenz ist inzwischen so weit fortgeschritten, dass sie dir beim Schreiben von Texten helfen kann. Es geht nicht nur darum, zufällige Wörter zusammenzusetzen. Es geht auch nicht darum, eine Rechtschreibprüfung zu benutzen, die es schon seit Ewigkeiten gibt. Der Punkt ist, dass die künstliche Intelligenz jetzt in der Lage ist, ganze Textabschnitte selbst zu verfassen.

Natürlich kann das Programm nicht alles allein erledigen; es braucht gelegentlich menschlichen Input. Denn es gibt Dinge, die die Programme noch nicht verstehen oder aufgrund von fehlendem Kontext falsch bewerten.

## Vorteile eines KI-Texters

Wenn du die Software richtig einsetzt, hat die Technologie in Zukunft ein großes Potenzial. Diese Dinge gehören zu den Pluspunkten:

**1. Zeitersparnis**

Der größte Vorteil ist die Zeitersparnis. Das hängt von deinem Arbeitsbereich und deiner Erfahrung ab. Berichten zufolge kannst du bis zu 80 % deiner Zeit einsparen. Überleg mal, wie viel mehr Textnachrichten du mit der gewonnenen Zeit schreiben könntest.

**2. Quantität und Qualität**

Aber es geht nicht nur um die Quantität, auch die Qualität deines Textes verbessert sich. Mit KI kannst du häufige Rechtschreib- und Tippfehler in von Menschen geschriebenen Texten vermeiden und neue Ideen und Ansätze integrieren, auf die du allein vielleicht gar nicht gekommen wärst.

Das sind auch schon die Vorteile die ich im Moment mit der KI Technologie sehe. Sicher wird das Programm noch perfekter und schneller.

## Nachteile der künstlichen Intelligenz

Aber alles den Maschinen zu überlassen, ist nicht mein Gusto. Wenn kein denkender Mensch mehr hinter seinen Beiträgen steht, brauchen wir auch keine Autoren, Redakteure und Schreiberlinge mehr.

Die können sich alle ins Bett legen und den Robotern ihre Arbeit überlassen. Was soll das noch für ein Leben sein, das ohne Gehirn und Gefühlskalt die Kommunikation zwischen Menschen abwickelt. Auf jeden Fall nicht meine Vorstellung von Leben.

# Videoplayer

Gut gefällt mir der Videoplayer von Ezoic. Problemlos lassen sich Videos die auf YouTube bisher vereinsamt gepostet waren und kaum Besucher anlockten, in Ezoic integrieren. Ein Video auf Youtub hatte es in einem Jahr gerade zu 3.500 Aufrufe geschafft.

Auf Ezoic brachte es das gleiche Video innerhalb von 1 Woche auf 13.876 Besucher und wurde zudem monetarisiert. Auch wenn die Vergütung sich nur im Centbereich abspielt, kommen doch im Laufe der Zeit einige Euro zusammen.

Videoinhalte sind nicht neu – YouTube gibt es schon seit fast 20 Jahren, und davor gab es unzählige kleinere

Videoplattformen, die jeweils Host für zahlreiche virale Videos waren. Seit den Anfängen des Internets strömen Millionen von Menschen ins Internet, um sich lustige, hilfreiche und unterhaltsame Videos anzusehen.

Die Verbraucher mögen es, weil es leicht verständlich, unterhaltsam und fesselnd ist, und die Vermarkter mögen es, weil es über viele Kanäle einen potenziell großen Return on Investment (ROI) bringen kann. Videos sind außerdem für jeden, der einen Internetzugang hat, leicht zugänglich, sowohl zum Anschauen als auch zum Produzieren.

Videos halten die Besucher länger auf der Webseite und binden sie an die Inhalte, wobei die Nutzer auf Webseiten mit Videos 60 % länger verweilen als auf Webseiten, die nur Text und Bilder enthalten.

Auch die richtige Platzierung von Videos auf deiner Seite ist entscheidend. Wenn du Videos zu weit oben auf deiner Seite platzierst, kann es nicht monetarisiert werden. Wenn du Videos in bestehende Textinhalte einbindest, sollten die Video-Platzhalter und alle anderen Videos, die du bewerben möchten, etwas weiter unten im Artikel einfügt werden.

Es gibt jedoch unbestreitbare Beweise dafür, dass Videoinhalte funktionieren. Nicht über die Nacht, wenn aber daran gearbeitet wird, wird sich über kurz oder lang der Erfolg schon einstellen. Videoinhalte lassen sich leicht mit dem Handy oder mit der Webcam erstellen.

**Live-Streaming-Videos** sind wahrscheinlich die einfachste Form von Videoinhalten. Diese Videos sind einfach zu erstellen, leicht zu verstehen in der heutigen Welt mit geringer

Aufmerksamkeitsspanne und eine einfach zu nutzende
Möglichkeit.

# Wie viel verdiene ich mit der KI von Ezoic?

Die wahrscheinlich wichtigste Frage die du dir stellst. Ich habe
sie bis zum Ende aufgehoben.

**Wie hoch wird mein Einkommen sein?**

Dies Frage lässt sich nicht so einfach beantworten. Zum einen
kommt es auf das Thema an, die Speed und das Ranking und
die Besucheranzahl deiner Seite. Es sind viele Faktoren wie
auch die Platzierung und Größe der Anzeigen.

Trotzdem will ich dir einen Richtwert geben.

- Bei 20.000 Seitenaufrufen pro Monat  200 – 300 US
  Dollar.

- Bei 50.000 Seitenaufrufen pro Monat 400 – 600 US
  Dollar.

Ich bin mir sicher, dass deine monatlichen Einnahmen um 50
bis 100 Prozent im Vergleich zu GoogleAdsense ansteigen
werden. Du musst allerdings die Währungsumrechnung und
die Überweisungsgebühren noch abziehen.

Das sind meine Erfahrungswerte. Allerdings sollten es schon
mindestens 10.000 Leser im Monat sein, damit das KI-System
überhaupt eine richtige Optimierung deiner Webseite
durchführen kann. Je weniger andere Werbeanzeigen
geschaltet und auf WP-Plugins verzichtet wird, desto besser

und schneller werden sich Erfolge einstellen. Alle Angaben natürlich ohne Gewähr. Die höchste Werbe-Einnahmenezeit ist übrigens von Mitte November bis Ende Dezember, da hier wegen dem Weihnachtsgeschäft viel Werbung gemacht wird.

Du wirst es auf jeden Fall nicht bereuen, meine Tipps und Ratschläge durchgelesen und hoffentlich angewendet zu haben.

 Ezoic hat mit dem neuen KI-System und den ganzen Optimierungstools schon eine tolle Sache auf den Weg gebracht, die vor Jahren noch undenkbar war.

Leichter und einfacher kannst du nach heutigem Stand deine mühevoll erstellten Beiträge und Artikel nicht vermarkten und an den Mann/ Frau bringen.

Für Fragen, Ideen oder auch Kritik habe ich eine eigene Webseite unter: **https://web-verdienst.com/** ins Leben gerufen.Nun bleibt mir noch dir viel Erfolg und einen entsprechenden Verdienst zu wünschen. Für einen Kommentar oder eine Beurteilung auf AMAZON oder meiner Webseite wäre ich dir dankbar.

Dein

*Manfred Betzwieser*

**Für eigene Notizen:**